PASSOVER HAGGADAH

ILLUSTRATED BY M.VAN DIJK

TRANSLATED BY EZRA KIENWALD

·K·U·P·E·R·A·R·D·

© 1996 KS-JM Books

Distributed by:
Kuperard (London) Ltd.
No. 7 Spectrum House
32-34 Gordon House Road
London NW5 1LP
TEL 0171-424 0554
FAX 0171-424 0556

ISBN 1 85733 163 X

SEARCH FOR LEAVENED BREAD

On the evening of the 14th of month Nissan (or on the evening of the 13th, if the 14th falls on Sabbath) one has to search leavened bread by the light of a candle. Before the blessing say:

I am hereby ready and willing to fulfil the positive commandment and the negative commandment of the search for leavened bread — for the sake of the Oneness of the Holy One, blessed be He, and His Divine Presence, by the aid of the Occult and Invisible, in the name of the congregation of Israel. "And may the beauty of the Eternal, our Almighty God, be upon us, and the work of our hands do Thou firmly establish upon us, yea, the work of our hands, firmly establish Thou it".

Blessed art Thou, O Eternal, our Almighty God, King of the universe, Who sanctified us by His commandments and gave us the commandment of the removal of all leavened bread.

After the search say:

All leaven and leavened bread that is in my possession, which I have neither seen nor removed and which I am not aware of it — shall be annulled and considered ownerless as the dust of the earth.

BURNING OF THE LEAVENED BREAD

On the eve of Passover, five hours after sunrise, one has to burn the leavened bread (if the eve of Passover falls on Sabbath, the burning will be performed on Sabbath-eve), and during the burning say:

בְּדִיקַת חָמֵץ

אור לי״ד נִיסָן (וכשחל י״ד בְּשַׁבָּת – אור לי״ג) אַחַר תְּפִלַּת עַרְבִית בודקים את החָמץ לאור הַנר. לִפְנֵי הַבְּרָכָה אומרים:

הֲרֵינִי מוּכָן וּמְזֻמָּן לְקַיֵּם מִצְוַת עֲשֵׂה וְלֹא־תַעֲשֶׂה שֶׁל בְּדִיקַת חָמֵץ לְשֵׁם יִחוּד קוּדְשָׁא בְּרִיךְ הוּא וּשְׁכִינְתֵּיהּ, עַל יְדֵי הַהוּא טָמִיר וְנֶעְלָם בְּשֵׁם כָּל יִשְׂרָאֵל. וִיהִי נֹעַם אֲדֹנָי אֱלֹהֵינוּ עָלֵינוּ וּמַעֲשֵׂה יָדֵינוּ כּוֹנְנָה עָלֵינוּ וּמַעֲשֵׂה יָדֵינוּ כּוֹנְנֵהוּ.

בָּרוּךְ אַתָּה יְיָ, אֱלֹהֵינוּ מֶלֶךְ הָעוֹלָם, אֲשֶׁר קִדְּשָׁנוּ בְּמִצְוֹתָיו וְצִוָּנוּ עַל בִּעוּר חָמֵץ.

אַחַר הַבְּדִיקָה אומְרים:

כָּל חֲמִירָא וַחֲמִיעָא דְאִכָּא בִרְשׁוּתִי, דְּלָא חֲמִיתֵהּ וּדְלָא בִעַרְתֵּהּ וּדְלָא יְדַעְנָא לֵיהּ, לִבָּטֵל וְלֶהֱוֵי הֶפְקֵר כְּעַפְרָא דְאַרְעָא.

שְׂרֵפַת חָמֵץ

בְּיום י״ד בְּסוף הַשָּׁעָה הַחֲמִישִׁית שׂורְפִים אֶת הֶחָמֵץ. לְאַחַר מִכֵּן אומְרים:

All leaven and leavened bread that is in my possession, which I have seen or not seen, which I have perceived or not perceived, which I have removed or not removed — shall be annulled and considered ownerless as the dust of the earth.

THE MINGLING OF THE DISHES

When the eve of Passover falls, abroad, on Wednesday, this ordinance of the mingling of the dishes is to be performed in order to be permitted to prepare food on Friday for Sabbath: take a whole unleavened Passover-cake and some cooked food, meat of roasted egg, in the quantity of an olive, put the food on the Passover-cake and say:

Blessed art Thou, O Eternal, our Almighty God, King of the universe, Who sanctified us by His commandments and gave us the commandment of the mingling of the dishes.

By this mingling of the dishes shall we be allowed to bake, to cook, to keep food warm, to kindle lights and to do anything necessary — on the festival in preparation for the Sabbath, for us and for all who dwell in this city.

CANDLE-LIGHTING

On Holiday the blessing for the candle-lighting is to be said before the kindling. Some are used to kindle before the benediction of the sanctification, but it is better to kindle before sunset.

Blessed art Thou, O Eternal, our Almighty God, King of the universe, Who sanctified us by his commandments and gave us the commandment of the (*on Sabbath:* Sabbath and) Holiday candle-lighting.

Blessed art Thou, O Eternal, our Almighty God, King of the universe, Who kept us alive and sustained us and let us attain to this festal time.

May it be Thy will, O Eternal, our Almighty God and Almighty God of our ancestors, that the Holy Temple be rebuilt speedily in our days, and grant us our portion in Thy Law, so that we may serve Thee there with awe as in the days of the past and as in the former years. "And then shall be pleasant unto the Eternal the offerings of Judah and Jerusalem as in the days of old and as in the former years".

כָּל חֲמִירָא וַחֲמִיעָא דְּאִכָּא בִרְשׁוּתִי, דַּחֲזִיתֵהּ וּדְלָא חֲזִיתֵהּ, דַּחֲמִיתֵהּ וּדְלָא חֲמִיתֵהּ, דְּבִעַרְתֵּהּ וּדְלָא בִעַרְתֵּהּ, לִבְטֵל וְלֶהֱוֵי הֶפְקֵר כְּעַפְרָא דְאַרְעָא.

עֵרוּב תַּבְשִׁילִין

אִם חָל בְּחוּ״ל עֶרֶב פֶּסַח בְּיוֹם רְבִיעִי, עוֹשִׂים עֵרוּב תַּבְשִׁילִין, כְּדֵי שֶׁמֻּתָּר יִהְיֶה לְבַשֵּׁל בְּיוֹם שִׁשִּׁי לְשַׁבָּת. לוֹקְחִים מַצָּה שְׁלֵמָה וּכְזַיִת תַּבְשִׁיל אוֹ בָּשָׂר אוֹ בֵיצָה צְלוּיָה וּמַנִּיחִים אוֹתָם עַל הַמַּצָּה וְאוֹמְרִים:

בָּרוּךְ אַתָּה יְיָ, אֱלֹהֵינוּ מֶלֶךְ הָעוֹלָם, אֲשֶׁר קִדְּשָׁנוּ בְּמִצְוֹתָיו וְצִוָּנוּ עַל מִצְוַת עֵרוּב.

בַּהֲדֵין עֵרוּבָא יְהֵא שָׁרֵא לָנָא לְמֵפָא וּלְבַשָּׁלָא וּלְאַטְמָנָא וּלְאַדְלָקָא שְׁרָגָא וּלְמֶעְבַּד כָּל־צָרְכָּנָא מִיּוֹמָא טָבָא לְשַׁבְּתָא לָנוּ וּלְכָל הַדָּרִים בָּעִיר הַזֹּאת.

סֵדֶר הַדְלָקַת נֵרוֹת

בְּיוֹ״ט מְבָרְכִין לִפְנֵי הַהַדְלָקָה, וְטוֹב לְהַדְלִיק מִבְּעוֹד יוֹם. וְיֵשׁ נוֹהֲגִין לְהַדְלִיק לִפְנֵי הַקִּדּוּשׁ.

בָּרוּךְ אַתָּה יְיָ אֱלֹהֵינוּ מֶלֶךְ הָעוֹלָם אֲשֶׁר קִדְּשָׁנוּ בְּמִצְוֹתָיו וְצִוָּנוּ לְהַדְלִיק נֵר שֶׁל (בְּשַׁבָּת שַׁבָּת וְ) יוֹם טוֹב:

בָּרוּךְ אַתָּה יְיָ אֱלֹהֵינוּ מֶלֶךְ הָעוֹלָם שֶׁהֶחֱיָנוּ וְקִיְּמָנוּ וְהִגִּיעָנוּ לַזְּמַן הַזֶּה:

יְהִי רָצוֹן מִלְּפָנֶיךָ יְיָ אֱלֹהֵינוּ וֵאלֹהֵי אֲבוֹתֵינוּ שֶׁיִּבָּנֶה בֵּית־הַמִּקְדָּשׁ בִּמְהֵרָה בְיָמֵינוּ וְתֵן חֶלְקֵנוּ בְּתוֹרָתֶךָ וְשָׁם נַעֲבָדְךָ בְּיִרְאָה כִּימֵי עוֹלָם וּכְשָׁנִים קַדְמוֹנִיּוֹת: וְעָרְבָה לַייָ מִנְחַת יְהוּדָה וִירוּשָׁלָיִם כִּימֵי עוֹלָם וּכְשָׁנִים קַדְמוֹנִיּוֹת:

Sanctification	**קַדֵּשׁ**
Say the blessings of sanctification.	יְקַדֵּשׁ עַל הַיַּיִן
Ablution of the hands	**וּרְחַץ**
Wash your hands (ritually) before the Passover night service ("Seder").	יִטֹּל יָדָיו לִפְנֵי הַסֵּדֶר
Celery	**כַּרְפַּס**
Eat the celery.	יֹאכַל יְרָקוֹת בְּמֵי מֶלַח
Halving	**יַחַץ**
Break the middle Passover-cake into two parts.	יִבְצַע מַצָּה אֶמְצָעִית לִשְׁנַיִם
Narration	**מַגִּיד**
Recite the story of the Exodus ("Haggada")	יֹאמַר אֶת הַהַגָּדָה
Ablution of the hands	**רָחְצָה**
Wash your hands (ritually) before the meal.	יִטֹּל יָדָיו לִפְנֵי הַסְּעֻדָּה
Blessings for the bread and for the unleavened Passover-cake	**מוֹצִיא מַצָּה**
Say the two blessings.	יְבָרֵךְ עַל הַמַּצָּה
Bitter herbs	**מָרוֹר**
Eat the bitter herbs.	יֹאכַל מִן הַמָּרוֹר
Passover-"sandwich"	**כּוֹרֵךְ**
Eat the horse-radish together with the Passover-cake.	יֹאכַל מַצָּה עַל מְרוֹרִים
Table-setting	**שֻׁלְחָן עוֹרֵךְ**
Serve the meal.	יֹאכַל סְעֻדַּת עֶרֶב
Hidden aftermeal Passover-cake.	**צָפוּן**
Eat a piece of the hidden Passover-cake.	יֹאכַל מִן הָאֲפִיקוֹמָן שֶׁהִצְפִּין
Grace after meal	**בָּרֵךְ**
Say grace after the meal.	יְבָרֵךְ בִּרְכַּת הַמָּזוֹן
Praise	**הַלֵּל**
Say praise.	יֹאמַר תְּפִלַּת הַלֵּל
Acceptance of service by God	**נִרְצָה**
The hole service is accepted by God.	הַסֵּדֶר וְהַתְּפִלָּה כִּרְצוֹן הַבּוֹרֵא

SANCTIFICATION

קַדֵּשׁ

On Sabbath-eve (Friday night) begin here:

בְּשַׁבָּת מַתְחִילִין:

וַיְהִי עֶרֶב וַיְהִי בקר:

And it was evening and it was morning — The sixth day. Thus were finished the heavens and the earth and all their host. And God had finished on the seventh day His work, which He had made, and He rested on the seventh day from all His work, which He had made. And God blessed the seventh day and sanctified it, because thereon He had rested from all His work, which God had created in making it.

יוֹם הַשִּׁשִּׁי וַיְכֻלּוּ הַשָּׁמַיִם וְהָאָרֶץ וְכָל צְבָאָם. וַיְכַל אֱלֹהִים בַּיּוֹם הַשְּׁבִיעִי מְלַאכְתּוֹ אֲשֶׁר עָשָׂה, וַיִּשְׁבֹּת בַּיּוֹם הַשְּׁבִיעִי מִכָּל מְלַאכְתּוֹ אֲשֶׁר עָשָׂה. וַיְבָרֶךְ אֱלֹהִים אֶת יוֹם הַשְּׁבִיעִי וַיְקַדֵּשׁ אֹתוֹ, כִּי בוֹ שָׁבַת מִכָּל מְלַאכְתּוֹ אֲשֶׁר בָּרָא אֱלֹהִים לַעֲשׂוֹת.

On a week-day begin here:

בְּחֹל מַתְחִילִין:

By your leave, my masters and teachers!

Blessed art Thou, O Eternal, our Almighty God, King of the universe, Creator of the fruit of the vine.

סָבְרִי מָרָנָן וְרַבָּנָן וְרַבּוֹתַי:

בָּרוּךְ אַתָּה יְיָ, אֱלֹהֵינוּ מֶלֶךְ הָעוֹלָם, בּוֹרֵא פְּרִי הַגָּפֶן.

Blessed art Thou, O Eternal, our Almighty God, King of the universe, Who selected us from among all the peoples and lifted us up above all the nations and sanctified us by His commandments. And Thou gavest us in love, O Eternal, our Almighty God, (/on Sabbath:/ Sabbath-days for rest and) festivals for rejoicing, feasts and festal times for gladness — (/on Sabbath:/ this Sabbath-day and) this day of feast of the unleavened cakes, the festal time of our freedom, (/on Sabbath:/ with love,) a holy convocation in memory of the Exodus from Egypt; because us didst Thou select from among all the peoples and us of all of them didst Thou sanctify (/on Sabbath:/ and the Sabbath) and Thy holy festivals (/on Sabbath:/ in love and favour,) in gladness and joy didst Thou give us as a heritage. Blessed art Thou, O Eternal, Who sanctifiest (/on Sabbath:/ the Sabbath and) Israel and the festal times.

בָּרוּךְ אַתָּה יְיָ, אֱלֹהֵינוּ מֶלֶךְ הָעוֹלָם, אֲשֶׁר בָּחַר בָּנוּ מִכָּל עָם וְרוֹמְמָנוּ מִכָּל לָשׁוֹן וְקִדְּשָׁנוּ בְּמִצְוֹתָיו, וַתִּתֶּן לָנוּ יְיָ אֱלֹהֵינוּ בְּאַהֲבָה (בְּשַׁבָּת שַׁבָּתוֹת לִמְנוּחָה וּ) מוֹעֲדִים לְשִׂמְחָה, חַגִּים וּזְמַנִּים לְשָׂשׂוֹן, אֶת יוֹם (הַשַּׁבָּת הַזֶּה וְאֶת יוֹם) חַג הַמַּצּוֹת הַזֶּה, זְמַן חֵרוּתֵנוּ (בְּאַהֲבָה), מִקְרָא קֹדֶשׁ, זֵכֶר לִיצִיאַת מִצְרָיִם. כִּי בָנוּ בָחַרְתָּ וְאוֹתָנוּ קִדַּשְׁתָּ מִכָּל הָעַמִּים, (וְשַׁבָּת) וּמוֹעֲדֵי קָדְשֶׁךָ (בְּאַהֲבָה וּבְרָצוֹן) בְּשִׂמְחָה וּבְשָׂשׂוֹן הִנְחַלְתָּנוּ. בָּרוּךְ אַתָּה יְיָ, מְקַדֵּשׁ (הַשַּׁבָּת וּ) יִשְׂרָאֵל וְהַזְּמַנִּים.

On the night after Sabbath add:

Blessed art Thou, O Eternal, our Almighty God, King of the universe, Creator of the light-emitting fire.

Blessed art Thou, O Eternal, our Almighty God, King of the universe, Who made a distinction between the holy and the profane, between light and darkness, between Israel and the other peoples, between the seventh day and the six days of labour, between the holiness of the Sabbath and the holiness of the festivals didst Thou make a distinction and the seventh day above the six days of labour didst Thou sanctify, Thou separatedst and sanctifiedst Thy people Israel by Thy holiness. Blessed art Thou, O Eternal, Who makest a distinction between holy and holy.

Blessed art Thou, O Eternal, our Almighty God, King of the universe, Who kept us alive and sustained us and let us attain to this festal time.

Drink the greater part of the cup of wine, reclining on the left side.

ABLUTION OF THE HANDS

Wash your hands (by pouring water over them from a vessel) without saying the respective blessing.

CELERY

Dip a little piece of celery (less than the size of an olive) in salt-water and say the following blessing:

Blessed art Thou, O Eternal, our Almighty God, King of the universe, Creator of the fruits of the earth.

HALVING

The master of the house breaks the middle unleavened Passover-cake into two portions and hides the larger one for after-meal.

NARRATION

Uncover the unleavened Passover-cakes, lift up the plate and say loudly:

בְּמוֹצָאֵי שַׁבָּת מוֹסִיפִין:

בָּרוּךְ אַתָּה יְיָ, אֱלֹהֵינוּ מֶלֶךְ הָעוֹלָם, בּוֹרֵא מְאוֹרֵי הָאֵשׁ.

בָּרוּךְ אַתָּה יְיָ, אֱלֹהֵינוּ מֶלֶךְ הָעוֹלָם, הַמַּבְדִּיל בֵּין קֹדֶשׁ לְחֹל, בֵּין אוֹר לְחֹשֶׁךְ, בֵּין יִשְׂרָאֵל לָעַמִּים, בֵּין יוֹם הַשְּׁבִיעִי לְשֵׁשֶׁת יְמֵי הַמַּעֲשֶׂה. בֵּין קְדֻשַּׁת שַׁבָּת לִקְדֻשַּׁת יוֹם טוֹב הִבְדַּלְתָּ, וְאֶת יוֹם הַשְּׁבִיעִי מִשֵּׁשֶׁת יְמֵי הַמַּעֲשֶׂה קִדַּשְׁתָּ. הִבְדַּלְתָּ וְקִדַּשְׁתָּ אֶת עַמְּךָ יִשְׂרָאֵל בִּקְדֻשָּׁתֶךָ. בָּרוּךְ אַתָּה יְיָ, הַמַּבְדִּיל בֵּין קֹדֶשׁ לְקֹדֶשׁ.

בָּרוּךְ אַתָּה יְיָ, אֱלֹהֵינוּ מֶלֶךְ הָעוֹלָם, שֶׁהֶחֱיָנוּ וְקִיְּמָנוּ וְהִגִּיעָנוּ לַזְּמַן הַזֶּה.

שׁוֹתֶה רֹב כּוֹס הַיַּיִן בַּהֲסִבָּה.

וּרְחַץ

נוֹטְלִין אֶת הַיָּדַיִם וְאֵין מְבָרְכִין „עַל נְטִילַת יָדָיִם“.

כַּרְפַּס

טוֹבְלִין כַּרְפַּס פָּחוֹת מִכְּזַיִת בְּמֵי מֶלַח, וּמְבָרְכִין.

בָּרוּךְ אַתָּה יְיָ, אֱלֹהֵינוּ מֶלֶךְ הָעוֹלָם, בּוֹרֵא פְּרִי הָאֲדָמָה.

יַחַץ

בַּעַל הַבַּיִת יִבְצַע אֶת הַמַּצָּה הָאֶמְצָעִית לִשְׁנַיִם וּמַצְפִּין אֶת הַחֵלֶק הַגָּדוֹל לַאֲפִיקוֹמָן.

מַגִּיד

מְגַלֶּה אֶת הַמַּצּוֹת, מַגְבִּיהַּ אֶת הַקְּעָרָה וְאוֹמֵר בְּקוֹל רָם:

הָא
לַחְמָא
עַנְיָא

This is the bread of misery, which our ancestors ate in the land of Egypt. Let whoever is hungry come in and eat thereof; let whoever is in need come in and celebrate the Passover: this year — here, but next year — in the land of Israel; this year — as slaves, but next year — freemen.

דִּי אֲכַלוּ אֲבָהָתָנָא
בְּאַרְעָא דְמִצְרַיִם
כָּל דִּכְפִין יֵיתֵי וְיֵכֻל
כָּל דִּצְרִיךְ יֵיתֵי וְיִפְסַח
הָשַׁתָּא הָכָא
לְשָׁנָה הַבָּאָה בְּאַרְעָא דְיִשְׂרָאֵל
הָשַׁתָּא עַבְדֵי
לְשָׁנָה הַבָּאָה בְּנֵי חוֹרִין

Take the plate off the table and fill the second cup of wine; then the son, or one of the partakers of the meal, asks:

מֵסִיר הַקְּעָרָה מֵעַל הַשֻּׁלְחָן, מוֹזְגִין כּוֹס שֵׁנִי וְכָאן הַבֵּן אוֹ אֶחָד מִן הַמְּסֻבִּים שׁוֹאֵל:

מַה
נִּשְׁתַּנָּה
הַלַּיְלָה
הַזֶּה
מִכָּל
הַלֵּילוֹת

Why is this night different from all the other nights?

Lo, on all the other nights we may eat either leavened bread or unleavened cake, but on this night — only unleavened cake;

On all the other nights we may eat herbs of any kind, but on this night — only bitter herbs.

On all the other nights we do not dip herbs even once, but on this night — twice.

On all the other nights we may eat either sitting or reclining, but on this night all of us recline.

שֶׁבְּכָל הַלֵּילוֹת אָנוּ אוֹכְלִין חָמֵץ וּמַצָּה
הַלַּיְלָה הַזֶּה כֻּלּוֹ מַצָּה

שֶׁבְּכָל הַלֵּילוֹת אָנוּ אוֹכְלִין שְׁאָר יְרָקוֹת
הַלַּיְלָה הַזֶּה מָרוֹר

שֶׁבְּכָל הַלֵּילוֹת אֵין אָנוּ מַטְבִּילִין אֲפִלּוּ פַּעַם אֶחָת
הַלַּיְלָה הַזֶּה שְׁתֵּי פְעָמִים

שֶׁבְּכָל הַלֵּילוֹת אָנוּ אוֹכְלִין בֵּין יוֹשְׁבִין וּבֵין מְסֻבִּין
הַלַּיְלָה הַזֶּה כֻּלָּנוּ מְסֻבִּין

Put the plate back on the table, uncover the Passover-cakes and recite the story of the Exodus ("Haggada").

מַנִּיחַ אֶת הַקְּעָרָה עַל הַשֻּׁלְחָן. הַמַּצּוֹת תִּהְיֶינָה מְגֻלּוֹת בִּשְׁעַת אֲמִירַת הַהַגָּדָה.

עֲבָדִים הָיִינוּ לְפַרְעֹה בְּמִצְרַיִם

וַיּוֹצִיאֵנוּ יְיָ אֱלֹהֵינוּ מִשָּׁם

בְּיָד חֲזָקָה

וּבִזְרוֹעַ נְטוּיָה

וְאִלּוּ לֹא

הוֹצִיא הַקָּדוֹשׁ בָּרוּךְ הוּא

אֶת אֲבוֹתֵינוּ מִמִּצְרַיִם

הֲרֵי אָנוּ וּבָנֵינוּ וּבְנֵי בָנֵינוּ

מְשֻׁעְבָּדִים הָיִינוּ לְפַרְעֹה בְּמִצְרַיִם

וַאֲפִלּוּ

כֻּלָּנוּ חֲכָמִים

כֻּלָּנוּ נְבוֹנִים

כֻּלָּנוּ זְקֵנִים

כֻּלָּנוּ יוֹדְעִים אֶת־הַתּוֹרָה

מִצְוָה עָלֵינוּ

לְסַפֵּר בִּיצִיאַת מִצְרַיִם

וְכָל־הַמַּרְבֶּה לְסַפֵּר בִּיצִיאַת מִצְרַיִם

הֲרֵי זֶה מְשֻׁבָּח

We were bondsmen unto Pharaoh in Egypt, and the Eternal, our Almighty God, brought us out from there with a powerful hand and with an outstretched arm. Lo, if He had not brought our ancestors out from Egypt, then we and our children and our children's children would still be enslaved to Pharaoh in Egypt! Now, even if all of us were sage, all of us wise, all of us elders, all of us learned in The Scripture — nevertheless it would be our duty to narrate the Exodus from Egypt; and the more one dwells upon the story of the Exodus from Egypt, the more praiseworthy he is.

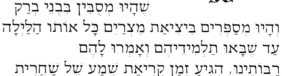

מַעֲשֶׂה בְּרַבִּי אֱלִיעֶזֶר
וְרַבִּי יְהוֹשֻׁעַ
וְרַבִּי אֶלְעָזָר בֶּן עֲזַרְיָה
וְרַבִּי עֲקִיבָא
וְרַבִּי טַרְפוֹן
שֶׁהָיוּ מְסֻבִּין בִּבְנֵי בְרַק
וְהָיוּ מְסַפְּרִים בִּיצִיאַת מִצְרַיִם כָּל אוֹתוֹ הַלַּיְלָה
עַד שֶׁבָּאוּ תַלְמִידֵיהֶם וְאָמְרוּ לָהֶם
רַבּוֹתֵינוּ, הִגִּיעַ זְמַן קְרִיאַת שְׁמַע שֶׁל שַׁחֲרִית

אָמַר רַבִּי אֶלְעָזָר בֶּן עֲזַרְיָה
הֲרֵי אֲנִי כְּבֶן שִׁבְעִים שָׁנָה
וְלֹא זָכִיתִי שֶׁתֵּאָמֵר יְצִיאַת מִצְרַיִם בַּלֵּילוֹת
עַד שֶׁדְּרָשָׁהּ בֶּן זוֹמָא
שֶׁנֶּאֱמַר
לְמַעַן תִּזְכֹּר אֶת יוֹם צֵאתְךָ מֵאֶרֶץ מִצְרַיִם
כֹּל יְמֵי חַיֶּיךָ
יְמֵי חַיֶּיךָ הַיָּמִים
כֹּל יְמֵי חַיֶּיךָ הַלֵּילוֹת
וַחֲכָמִים אוֹמְרִים
יְמֵי חַיֶּיךָ הָעוֹלָם הַזֶּה
כֹּל יְמֵי חַיֶּיךָ לְהָבִיא לִימוֹת הַמָּשִׁיחַ

It is narrated about Rabbi Eliezer, Rabbi Joshua, Rabbi Eiazar son of Azaria, Rabbi Akiva and Rabbi Tarphon, that they were once reclining at the table of the Passover night service ("Seder") at Bnay-Brak and talking about the Exodus from Egypt the whole night through, until their disciples came and said to them: "Masters, the time for the reading of the morning-Sh'ma has already come!"

Rabbi Elazar son of Azaria said: "Lo, I am like a man seventy years old and I did not merit to realize from which passage it is learned, that the story of the Exodus from Egypt ought to be narrated at night — until Ben Zoma interpreted what is said: 'In order that thou mayest remember the day of thy going forth out of the land of Egypt all the days of thy life': 'The days of thy life' — means the days. 'All the days of thy life' — means the nights too". But the sages say: "The days of thy life" — means this world. "All the days of thy life" — means including the times of the Messiah.

Blessed be the Omnipresent, blessed be He! Blessed be He Who gave the Law to His people Israel, blessed be He!

With regard to four sons does the Law speak: the sage son, the wicked son, the naive son and the one who does not know how to ask.

The sage son — what does he say? "What mean the testimonies and the statutes and the ordinances, which the Eternal, our Almighty God, hath commanded you?" — Then you ought to instruct him in all that concerns the Passover-laws, even the one forbidding to have any aftermeal after the paschal lamb.

The wicked son — what does he say? "What does this service mean to you?" — "To you", he says, but not to himself! Therefore, since he has excluded himself from the community and hereby denied the existence of God, you ought to set his teeth on edge and reply him thus:

בָּרוּךְ הַמָּקוֹם
בָּרוּךְ הוּא
בָּרוּךְ שֶׁנָּתַן תּוֹרָה
לְעַמּוֹ יִשְׂרָאֵל
בָּרוּךְ הוּא

כְּנֶגֶד אַרְבָּעָה בָנִים דִּבְּרָה תוֹרָה
אֶחָד חָכָם
וְאֶחָד רָשָׁע
וְאֶחָד תָּם
וְאֶחָד שֶׁאֵינוֹ יוֹדֵעַ לִשְׁאֹל

חָכָם

מַה הוּא אוֹמֵר
מָה הָעֵדֹת וְהַחֻקִּים
וְהַמִּשְׁפָּטִים
אֲשֶׁר צִוָּה יְיָ אֱלֹהֵינוּ אֶתְכֶם
וְאַף אַתָּה אֱמָר־לוֹ
כְּהִלְכוֹת הַפֶּסַח
אֵין מַפְטִירִין
אַחַר הַפֶּסַח אֲפִיקוֹמָן

רָשָׁע

מַה הוּא אוֹמֵר
מָה הָעֲבֹדָה הַזֹּאת לָכֶם
לָכֶם וְלֹא לוֹ
וּלְפִי שֶׁהוֹצִיא אֶת־עַצְמוֹ מִן הַכְּלָל
כָּפַר בָּעִקָּר

וְאַף אַתָּה הַקְהֵה אֶת־שִׁנָּיו
וְאֱמָר־לוֹ
בַּעֲבוּר זֶה עָשָׂה יְיָ לִי
בְּצֵאתִי מִמִּצְרָיִם
לִי וְלֹא לוֹ
אִלּוּ הָיָה שָׁם
לֹא הָיָה נִגְאָל

תָּם

מָה הוּא אוֹמֵר
מַה־זֹּאת
וְאָמַרְתָּ אֵלָיו
בְּחֹזֶק יָד
הוֹצִיאָנוּ יְיָ מִמִּצְרַיִם
מִבֵּית עֲבָדִים

וְשֶׁאֵינוֹ
יוֹדֵעַ לִשְׁאֹל

אַתְּ פְּתַח לוֹ
שֶׁנֶּאֱמַר
וְהִגַּדְתָּ לְבִנְךָ בַּיּוֹם הַהוּא לֵאמֹר
בַּעֲבוּר זֶה עָשָׂה יְיָ לִי בְּצֵאתִי מִמִּצְרָיִם

יָכוֹל מֵרֹאשׁ חֹדֶשׁ
תַּלְמוּד לוֹמַר בַּיּוֹם הַהוּא
אִי בַּיּוֹם הַהוּא יָכוֹל מִבְּעוֹד יוֹם
תַּלְמוּד לוֹמַר בַּעֲבוּר זֶה
בַּעֲבוּר זֶה

"For the sake of that which the Eternal did unto me when I came forth out of Egypt" — "Unto me", but not unto him: had he been there, he would not have been redeemed.

The naive son — what does he say? "What is this?" — To him you ought to say: "By strength of hand did the Eternal bring us forth out of Egypt, out of the house of slavery".

And as for the son who does not know how to ask — you must begin to speak to him, as it is said: "And thou shalt tell thy son on that day, saying: This is done for the sake of that which the Eternal did unto me when I came forth out of Egypt".

You might think, that this narration of the redemption from Egypt ought to begin from the Newmoon-day of month Nissan — therefore the Scripture states: "On that day"; but since you might understand from this expression, that the narration must begin before the day's end

— therefore the Scripture states further: "For the sake of that..."; and you cannot say: "For the sake of that...", except when the unleavened Passover-cake and the bitter herbs are lying before you.

Formerly our ancestors were idol-worshippers. But later the Omnipresent brought us near to this service —

as it is said: "And Joshua said unto all the people: Thus hath the Eternal, the Almighty God of Israel said: On the other side of the river did your fathers dwell in old time — Terach, the father of Abraham and the father of Nachor — and they served other gods. And I took your father Abraham from the other side of the river and I led him throughout all the land of Canaan and I multiplied his seed and gave him Isaac; and I gave unto Isaac — Jacob and Esau; and I gave unto Esau — Mount Seir, to possess it.

But Jacob and his children went down into Egypt".

לֹא אָמַרְתִּי
אֶלָּא בְּשָׁעָה שֶׁיֵּשׁ מַצָּה וּמָרוֹר
מֻנָּחִים לְפָנֶיךָ

מִתְּחִלָּה
עוֹבְדֵי עֲבוֹדָה זָרָה
הָיוּ אֲבוֹתֵינוּ
וְעַכְשָׁו
קֵרְבָנוּ הַמָּקוֹם לַעֲבוֹדָתוֹ
שֶׁנֶּאֱמַר
וַיֹּאמֶר יְהוֹשֻׁעַ אֶל־כָּל־הָעָם
כֹּה־אָמַר יְיָ אֱלֹהֵי יִשְׂרָאֵל
בְּעֵבֶר הַנָּהָר יָשְׁבוּ אֲבוֹתֵיכֶם מֵעוֹלָם
תֶּרַח אֲבִי אַבְרָהָם וַאֲבִי נָחוֹר
וַיַּעַבְדוּ אֱלֹהִים אֲחֵרִים
וָאֶקַּח אֶת־אֲבִיכֶם אֶת־אַבְרָהָם
מֵעֵבֶר הַנָּהָר
וָאוֹלֵךְ אוֹתוֹ בְּכָל־אֶרֶץ כְּנָעַן
וָאַרְבֶּה אֶת־זַרְעוֹ וָאֶתֶּן־לוֹ אֶת־יִצְחָק
וָאֶתֵּן לְיִצְחָק אֶת־יַעֲקֹב וְאֶת־עֵשָׂו
וָאֶתֵּן לְעֵשָׂו אֶת הַר שֵׂעִיר לָרֶשֶׁת אוֹתוֹ
וְיַעֲקֹב
וּבָנָיו
יָרְדוּ
מִצְרָיִם

בָּרוּךְ שׁוֹמֵר הַבְטָחָתוֹ לְיִשְׂרָאֵל בָּרוּךְ הוּא

שֶׁהַקָּדוֹשׁ בָּרוּךְ הוּא חִשַּׁב אֶת־הַקֵּץ
לַעֲשׂוֹת כְּמוֹ שֶׁאָמַר לְאַבְרָהָם אָבִינוּ
בִּבְרִית בֵּין הַבְּתָרִים
שֶׁנֶּאֱמַר
וַיֹּאמֶר לְאַבְרָם יָדֹעַ תֵּדַע כִּי גֵר יִהְיֶה זַרְעֲךָ
בְּאֶרֶץ לֹא לָהֶם
וַעֲבָדוּם וְעִנּוּ אֹתָם אַרְבַּע מֵאוֹת שָׁנָה
וְגַם אֶת הַגּוֹי אֲשֶׁר יַעֲבֹדוּ דָּן אָנֹכִי

וְאַחֲרֵי־כֵן

יֵצְאוּ

בִּרְכֻשׁ

גָּדוֹל

Blessed be He Who keeps His promise to Israel, blessed be He!

For the Holy One, blessed be He, determined the end of our bondage, to do as He said to our father Abraham at the Covenant between the pieces — as it is said: "And He said unto Abram: Know of a surety, that thy seed shall be a stranger in a land, which is not theirs, and they will make them serve and they will afflict them four hundred years. And also that nation, whom they shall serve, will I judge.

And afterward shall they go out with great substance".

מכסה המצות ונוטל הכוס בידו

Cover the Passover-cake and lift up the cup of wine.

וְהִיא

שֶׁעָמְדָה לַאֲבוֹתֵינוּ וְלָנוּ
שֶׁלֹּא אֶחָד בִּלְבָד עָמַד עָלֵינוּ לְכַלּוֹתֵנוּ
אֶלָּא שֶׁבְּכָל דּוֹר וָדוֹר עוֹמְדִים עָלֵינוּ לְכַלּוֹתֵנוּ
וְהַקָּדוֹשׁ בָּרוּךְ הוּא
מַצִּילֵנוּ מִיָּדָם

And this is it, this promise, which stood to our ancestors and to us in good stead; for it was not one only, who rose up against us to exterminate us, but in every generation there are some, who rise up against us to exterminate us. **But the Holy One, blessed be He, saves us from their hands.**

מניח את הכוס ומגלה את המצות

Set down the cup and uncover the Passover-cake.

צֵא וּלְמַד

מַה בִּקֵּשׁ לָבָן הָאֲרַמִּי
לַעֲשׂוֹת לְיַעֲקֹב אָבִינוּ
שֶׁפַּרְעֹה לֹא גָזַר אֶלָּא עַל הַזְּכָרִים
וְלָבָן בִּקֵּשׁ לַעֲקֹר אֶת הַכֹּל
שֶׁנֶּאֱמַר
אֲרַמִּי אֹבֵד אָבִי
וַיֵּרֶד מִצְרַיְמָה
וַיָּגָר שָׁם
בִּמְתֵי מְעָט
וַיְהִי שָׁם לְגוֹי
גָּדוֹל עָצוּם וָרָב

Give thought to what Laban the Aramean intended to do to Jacob our father; for Pharaoh did not decree extermination but of the males, but Laban intended to eradicate the whole — as it is said:

"An Aramean planned to destroy my father, and my father went down into Egypt and he sojourned there with a family few in number and he became there a nation — great, mighty an numerous".

"And my father went down into Egypt" — forced thereto by the Word of God.

"And he sojourned there" — which teaches us, that Jacob our father did not go down to Egypt in order to settle there permanently, but in order to sojourn there — as it is said: "And they said into Pharaoh: To sojourn in the land are we come, because there is no pasture for the flocks of thy servants, for the famine is sore in the land of Canaan; and now let thy servants dwell, please, in the land of Goshen".

"With a family few in number" — as it is said: "With seventy persons did thy fathers go down into Egypt; and now the Eternal, thy Almighty God, hath made thee like the stars of heaven in multitude".

"And he became there a nation" — which teaches us, that the Israelites were distinguished there.

"Great, mighty" — as it is said: "And the children of Israel were fruitful and increased abundantly and multiplied and waxed exceedingly mighty, and the land was filled with them.

"And numerous" — as it is said: "Myriads, like the vegetation of the field, did I make of thee, and thou didst increase and become great and reach the height of charming beauty — thy breasts developed and thy hair grown long — yet thou wast naked and bare". — "But I passed then by thee and I saw thee stained with thy own blood and I said unto thee: In thy blood live; yea, I said unto thee: In thy blood live".

"And the Egyptians treated us ill and afflicted us and laid upon us hard labor".

"And the Egyptians treated us ill" — as it is said: "Come on, let us deal wisely with it, lest it multiply, and it come to pass, that, when there happen to be a war, it join also unto our enemies and fight against us and depart out of the land".

וַיֵּרֶד מִצְרַיְמָה אָנוּס עַל פִּי הַדִּבּוּר

וַיָּגָר שָׁם מְלַמֵּד
שֶׁלֹּא יָרַד יַעֲקֹב אָבִינוּ לְהִשְׁתַּקֵּעַ בְּמִצְרַיִם
אֶלָּא לָגוּר שָׁם
שֶׁנֶּאֱמַר
וַיֹּאמְרוּ אֶל פַּרְעֹה לָגוּר בָּאָרֶץ בָּאנוּ
כִּי אֵין מִרְעֶה לַצֹּאן אֲשֶׁר לַעֲבָדֶיךָ
כִּי כָבֵד הָרָעָב בְּאֶרֶץ כְּנָעַן
וְעַתָּה יֵשְׁבוּ־נָא עֲבָדֶיךָ בְּאֶרֶץ גֹּשֶׁן

בִּמְתֵי מְעָט כְּמָה שֶׁנֶּאֱמַר
בְּשִׁבְעִים נֶפֶשׁ יָרְדוּ אֲבֹתֶיךָ מִצְרָיְמָה
וְעַתָּה שָׂמְךָ יְיָ אֱלֹהֶיךָ כְּכוֹכְבֵי הַשָּׁמַיִם לָרֹב

וַיְהִי שָׁם לְגוֹי מְלַמֵּד
שֶׁהָיוּ יִשְׂרָאֵל מְצֻיָּנִים שָׁם

גָּדוֹל עָצוּם כְּמָה שֶׁנֶּאֱמַר
וּבְנֵי יִשְׂרָאֵל פָּרוּ וַיִּשְׁרְצוּ
וַיִּרְבּוּ וַיַּעַצְמוּ בִּמְאֹד מְאֹד
וַתִּמָּלֵא הָאָרֶץ אֹתָם

וָרָב כְּמָה שֶׁנֶּאֱמַר
רְבָבָה כְּצֶמַח הַשָּׂדֶה נְתַתִּיךְ
וַתִּרְבִּי וַתִּגְדְּלִי וַתָּבֹאִי בַּעֲדִי עֲדָיִים
שָׁדַיִם נָכֹנוּ וּשְׂעָרֵךְ צִמֵּחַ וְאַתְּ עֵרֹם וְעֶרְיָה
וָאֶעֱבֹר עָלַיִךְ וָאֶרְאֵךְ מִתְבּוֹסֶסֶת בְּדָמָיִךְ
וָאֹמַר לָךְ בְּדָמַיִךְ חֲיִי וָאֹמַר לָךְ בְּדָמַיִךְ חֲיִי

וַיָּרֵעוּ אֹתָנוּ הַמִּצְרִים וַיְעַנּוּנוּ, וַיִּתְּנוּ עָלֵינוּ עֲבֹדָה קָשָׁה

וַיָּרֵעוּ אֹתָנוּ הַמִּצְרִים
כְּמָה שֶׁנֶּאֱמַר
הָבָה נִתְחַכְּמָה לוֹ פֶּן־יִרְבֶּה
וְהָיָה כִּי־תִקְרֶאנָה מִלְחָמָה
וְנוֹסַף גַּם־הוּא עַל־שֹׂנְאֵינוּ
וְנִלְחַם־בָּנוּ וְעָלָה מִן־הָאָרֶץ

<table>
<tr>
<td>

"And afflicted us" — as it is said: "And they thereupon did set over it taskmasters, to afflict it with their burdensome labors; and it built treasure cities for Pharaoh — Pithom and Raamses".

</td>
<td>

וַיְעַנּוּנוּ

כְּמָה שֶׁנֶּאֱמַר
וַיָּשִׂימוּ עָלָיו שָׂרֵי מִסִּים
לְמַעַן עַנֹּתוֹ בְּסִבְלֹתָם
וַיִּבֶן עָרֵי מִסְכְּנוֹת לְפַרְעֹה
אֶת־פִּתֹם וְאֶת־רַעַמְסֵס

</td>
</tr>
<tr>
<td>

"And laid upon us hard labor" — as it is said: "And the Egyptians compelled the children of Israel to labor with rigor".

</td>
<td>

וַיִּתְּנוּ עָלֵינוּ עֲבֹדָה קָשָׁה

כְּמָה שֶׁנֶּאֱמַר
וַיַּעֲבִדוּ מִצְרַיִם אֶת בְּנֵי יִשְׂרָאֵל בְּפָרֶךְ

</td>
</tr>
<tr>
<td>

And then we cried unto the Eternal, the Almighty God of our fathers; and the Eternal heard our voice and looked on our affliction and our trouble and our oppression".

</td>
<td>

וַנִּצְעַק
אֶל יְיָ אֱלֹהֵי אֲבֹתֵינוּ
וַיִּשְׁמַע יְיָ אֶת קֹלֵנוּ
וַיַּרְא אֶת־עָנְיֵנוּ וְאֶת־עֲמָלֵנוּ
וְאֶת־לַחֲצֵנוּ

</td>
</tr>
<tr>
<td>

"And then we cried unto the Eternal, the Almighty God of our fathers" — as it is said: "And it came to pass in this long time, that the king of Egypt died; and the children of Israel sighed by reason of the bondage and they cried, and their complaint came up unto God by reason of the bondage".

</td>
<td>

וַנִּצְעַק אֶל יְיָ אֱלֹהֵי אֲבֹתֵינוּ

כְּמָה שֶׁנֶּאֱמַר
וַיְהִי בַּיָּמִים הָרַבִּים הָהֵם וַיָּמָת מֶלֶךְ מִצְרַיִם
וַיֵּאָנְחוּ בְנֵי יִשְׂרָאֵל מִן הָעֲבֹדָה וַיִּזְעָקוּ
וַתַּעַל שַׁוְעָתָם אֶל הָאֱלֹהִים מִן הָעֲבֹדָה

</td>
</tr>
</table>

"**And the Eternal heard our voice**" — as it is said: "And the Almighty God heard their groaning and the Almighty God remembered His covenant with Abraham, with Isaac and with Jacob".

"**And looked on our affliction**" — this is the constrained abstinence from marriage-relationship, as it is said: "And the Almighty God looked upon the children of Israel and the Almighty God took cognizance of them".

"**And our trouble**" — this means the sons, as it is said: "Every son, that is born, ye shall cast into the river, and every doughter ye shall save alive".

"**And our oppression**" — this means the urging press, as it is said: "And I have also seen the oppression, wherewith the Egyptians oppress them".

"**And the Eternal brought us forth out of Egypt with a mighty hand and with an outstretched arm and with great terror and with signs and with wonders**".

וַיִּשְׁמַע יְיָ אֶת־קֹלֵנוּ
כְּמָה שֶׁנֶּאֱמַר
וַיִּשְׁמַע אֱלֹהִים אֶת נַאֲקָתָם
וַיִּזְכֹּר אֱלֹהִים אֶת בְּרִיתוֹ
אֶת־אַבְרָהָם אֶת־יִצְחָק וְאֶת־יַעֲקֹב

וַיַּרְא אֶת־עָנְיֵנוּ
זוֹ פְּרִישׁוּת דֶּרֶךְ אֶרֶץ כְּמָה שֶׁנֶּאֱמַר
וַיַּרְא אֱלֹהִים אֶת־בְּנֵי יִשְׂרָאֵל
וַיֵּדַע אֱלֹהִים

וְאֶת־עֲמָלֵנוּ
אֵלּוּ הַבָּנִים כְּמָה שֶׁנֶּאֱמַר
כָּל הַבֵּן הַיִּלּוֹד
הַיְאֹרָה תַּשְׁלִיכֻהוּ
וְכָל הַבַּת תְּחַיּוּן

וְאֶת־לַחֲצֵנוּ
זֶה הַדֹּחַק כְּמָה שֶׁנֶּאֱמַר
וְגַם־רָאִיתִי אֶת־הַלַּחַץ
אֲשֶׁר מִצְרַיִם
לֹחֲצִים אֹתָם

וַיּוֹצִיאֵנוּ יְיָ מִמִּצְרַיִם
בְּיָד חֲזָקָה
וּבִזְרֹעַ נְטוּיָה
וּבְמֹרָא גָּדֹל
וּבְאֹתוֹת וּבְמֹפְתִים

וַיּוֹצִיאֵנוּ יְיָ מִמִּצְרַיִם
לֹא עַל יְדֵי מַלְאָךְ
וְלֹא עַל יְדֵי שָׂרָף
וְלֹא עַל יְדֵי שָׁלִיחַ
אֶלָּא הַקָּדוֹשׁ בָּרוּךְ הוּא בִּכְבוֹדוֹ וּבְעַצְמוֹ

שֶׁנֶּאֱמַר
וְעָבַרְתִּי בְאֶרֶץ־מִצְרַיִם בַּלַּיְלָה הַזֶּה
וְהִכֵּיתִי כָל־בְּכוֹר בְּאֶרֶץ מִצְרַיִם
מֵאָדָם וְעַד־בְּהֵמָה
וּבְכָל־אֱלֹהֵי מִצְרַיִם אֶעֱשֶׂה שְׁפָטִים
אֲנִי יְיָ

וְעָבַרְתִּי בְאֶרֶץ־מִצְרַיִם
בַּלַּיְלָה הַזֶּה — אֲנִי וְלֹא מַלְאָךְ
וְהִכֵּיתִי כָל־בְּכוֹר
בְּאֶרֶץ מִצְרַיִם — אֲנִי וְלֹא שָׂרָף
וּבְכָל־אֱלֹהֵי מִצְרַיִם
אֶעֱשֶׂה שְׁפָטִים — אֲנִי וְלֹא הַשָּׁלִיחַ

אֲנִי יְיָ — אֲנִי הוּא — וְלֹא אַחֵר

בְּיָד חֲזָקָה — זוֹ הַדֶּבֶר

כְּמָה שֶׁנֶּאֱמַר
הִנֵּה יַד־יְיָ הוֹיָה בְּמִקְנְךָ אֲשֶׁר בַּשָּׂדֶה
בַּסּוּסִים, בַּחֲמֹרִים בַּגְּמַלִּים בַּבָּקָר וּבַצֹּאן
דֶּבֶר כָּבֵד מְאֹד

וּבִזְרֹעַ נְטוּיָה — זוֹ הַחֶרֶב

כְּמָה שֶׁנֶּאֱמַר.
וְחַרְבּוֹ שְׁלוּפָה בְּיָדוֹ נְטוּיָה עַל יְרוּשָׁלָיִם

וּבְמֹרָא גָּדֹל — זֶה גִּלּוּי שְׁכִינָה

כְּמָה שֶׁנֶּאֱמַר
אוֹ הֲנִסָּה אֱלֹהִים לָבוֹא לָקַחַת לוֹ גוֹי מִקֶּרֶב גּוֹי
בְּמַסֹּת בְּאֹתֹת וּבְמוֹפְתִים וּבְמִלְחָמָה
וּבְיָד חֲזָקָה וּבִזְרוֹעַ נְטוּיָה וּבְמוֹרָאִים גְּדֹלִים
כְּכֹל אֲשֶׁר עָשָׂה לָכֶם יְיָ אֱלֹהֵיכֶם
בְּמִצְרַיִם לְעֵינֶיךָ

וּבְאֹתוֹת — זֶה הַמַּטֶּה

כְּמָה שֶׁנֶּאֱמַר
וְאֶת־הַמַּטֶּה הַזֶּה תִּקַּח בְּיָדֶךָ
אֲשֶׁר תַּעֲשֶׂה־בּוֹ אֶת הָאֹתֹת

"And the Eternal brought us forth out of Egypt" — not by means of an angel, not by means of a seraph, not by means of a messenger, but the Holy One, blessed be He, in His glory, He Himself, as it is said: "And I will pass through the land of Egypt in this night and I will smite every firstborn in the land of Egypt, both man and beast, and against all the gods of Egypt will I execute judgements — I am the Eternal".

"And I will pass through the land of Egypt in this night" — I, not an angel. "And I will smite every firstborn in the land of Egypt" — I, not a seraph.

"And against all the gods of Egypt will I execute judgements" — I, not a messenger. **"I am the Eternal" — it is I, no other.**

"With a mighty hand" — this means the murrain, as it is said: "Behold, the hand of the Eternal is against thy cattle, which is in the field: against the horses, against the asses, against the camels, against the oxen and against the sheep — a very grievous murrain".

"And with an outstretched arm" — this means the sword, as it is said: "With his sword drawn in his hand, stretched out over Jerusalem".

"And with great terror" — this means the appearance of the Divine Presence, as it is said: "Or hath any god essayed to go to take himself a nation from the midst of a nation by proofs, by signs and by wonders and by war and by a mighty hand and by an outstretched arm and by great terrors — like all that which the Eternal, your Almighty God, hath done for you in Egypt before thy eyes?"

"And with signs" — this means the staff, as it is said: "And this staff shalt thou take in thy hand, wherewith thou shalt do the signs".

"And with wonders" — this **means the blood**, as it is said: "And I will display wonderful tokens in the heavens and on the earth —

I is usual to drop, while reciting the plagues, a drop of wine from the cup on every plague.

Blood and fire and pillars of smoke".

Another interpretation: "With a mighty hand" — means two plagues. "And with an outstretched arm" — two plagues. "And with great terror" — two plagues. "And with signs" — two plagues. "And with wonders" two plagues.

These are the ten plagues, which the Holy One, blessed be He, brought upon the Egyptians in the land of Egypt — as follows:

Blood, Frogs, Lice, Wildbeasts, Murrain, Inflammation, Hail, Locusts, Darkness, Slaying of the firstborn.

Rabbi Judah abbreviated them as a sign:

DEZACH, ADASH, BEACHAB.

וּבְמֹפְתִים ⁣ זֶה הַדָּם
כְּמָה שֶׁנֶּאֱמַר
וְנָתַתִּי מוֹפְתִים בַּשָּׁמַיִם וּבָאָרֶץ
נוֹהֲגִין לְטַפְטֵף טִיפָּה מִן הַכּוֹס בַּאֲמִירַת כָּל מַכָּה וּמַכָּה.

דָּם
וָאֵשׁ
וְתִימְרוֹת עָשָׁן

דָּבָר אַחֵר

שְׁתַּיִם	בְּיָד חֲזָקָה
שְׁתַּיִם	וּבִזְרֹעַ נְטוּיָה
שְׁתַּיִם	וּבְמֹרָא גָּדֹל
שְׁתַּיִם	וּבְאֹתוֹת
שְׁתַּיִם	וּבְמֹפְתִים

אֵלּוּ עֶשֶׂר מַכּוֹת
שֶׁהֵבִיא הַקָּדוֹשׁ בָּרוּךְ הוּא
עַל הַמִּצְרִים בְּמִצְרַיִם
וְאֵלּוּ הֵן

דָּם ⁣ צְפַרְדֵּעַ ⁣ כִּנִּים ⁣ עָרוֹב
דֶּבֶר ⁣ שְׁחִין ⁣ בָּרָד ⁣ אַרְבֶּה
חֹשֶׁךְ ⁣ מַכַּת־בְּכוֹרוֹת

רַבִּי יְהוּדָה הָיָה נוֹתֵן בָּהֶם סִימָנִים
דְּצַ"ךְ עַד"שׁ בְּאַחַ"ב

Inflammation,

Blood,

Hail,

Frogs,

Locusts,

Lice,

Darkness,

Wildbeasts,

Slaying of the firstborn.

Murrain,

22

Rabbi Jose the Galilean said: From what passage may we learn, that the Egyptians were stricken in Egypt with ten plagues and that on the sea they were stricken with fifty plagues? Concerning the plagues in Egypt it is said: "Then said the magicians unto Pharaoh: This is the finger of the Almighty God"; and concerning the plagues on the sea it is said: "And Israel saw the great power, which the Eternal had shown on the Egyptians, and the people feared the Eternal and then believed in the Eternal and in Moses, His servant".

With how many plagues were they stricken by one finger? Ten plagues. Hence — in Egypt they were stricken with ten plagues and on the sea they were stricken with fifty plagues.

Rabbi Eliezer said: From what passage may we learn, that each plague, which the Holy One, blessed be He, brought upon the Egyptians in Egypt, consisted of four plagues? It is said: "He let loose against them the fierceness of his anger, wrath and indignation and distress, a host of angels of misfortune".

"Wrath" — means one plague; "indignation" — means the second plague; "distress" — the third; "a host of angels of misfortune" — the fourth. Hence — **in Egypt they were stricken with forty plagues and on the sea they were stricken with two hundred plagues.**

רַבִּי יוֹסֵי הַגְּלִילִי אוֹמֵר
מִנַּיִן אַתָּה אוֹמֵר
שֶׁלָּקוּ הַמִּצְרִים בְּמִצְרַיִם
עֶשֶׂר מַכּוֹת
וְעַל הַיָּם לָקוּ חֲמִשִּׁים מַכּוֹת

בְּמִצְרַיִם מַה הוּא אוֹמֵר
וַיֹּאמְרוּ הַחַרְטֻמִּם אֶל פַּרְעֹה אֶצְבַּע אֱלֹהִים הוּא
וְעַל הַיָּם מַה הוּא אוֹמֵר
וַיַּרְא יִשְׂרָאֵל אֶת הַיָּד הַגְּדֹלָה אֲשֶׁר עָשָׂה יְיָ בְּמִצְרַיִם
וַיִּירְאוּ הָעָם אֶת יְיָ, וַיַּאֲמִינוּ בַּייָ וּבְמשֶׁה עַבְדּוֹ
כַּמָּה לָקוּ בְּאֶצְבַּע
עֶשֶׂר מַכּוֹת
אֱמֹר מֵעַתָּה
בְּמִצְרַיִם לָקוּ עֶשֶׂר מַכּוֹת
וְעַל הַיָּם לָקוּ חֲמִשִּׁים מַכּוֹת

רַבִּי אֱלִיעֶזֶר אוֹמֵר
מִנַּיִן שֶׁכָּל מַכָּה וּמַכָּה
שֶׁהֵבִיא הַקָּדוֹשׁ בָּרוּךְ הוּא עַל הַמִּצְרִים בְּמִצְרַיִם
הָיְתָה שֶׁל אַרְבַּע מַכּוֹת
שֶׁנֶּאֱמַר
יְשַׁלַּח־בָּם חֲרוֹן אַפּוֹ
עֶבְרָה וָזַעַם וְצָרָה מִשְׁלַחַת מַלְאֲכֵי רָעִים
עֶבְרָה אַחַת
וָזַעַם שְׁתַּיִם
וְצָרָה שָׁלשׁ
מִשְׁלַחַת מַלְאֲכֵי רָעִים אַרְבַּע

אֱמֹר מֵעַתָּה
בְּמִצְרַיִם לָקוּ אַרְבָּעִים מַכּוֹת
וְעַל הַיָּם לָקוּ מָאתַיִם מַכּוֹת

רַבִּי עֲקִיבָא אוֹמֵר
מִנַּיִן שֶׁכָּל מַכָּה וּמַכָּה
שֶׁהֵבִיא הַקָּדוֹשׁ בָּרוּךְ הוּא עַל הַמִּצְרִים בְּמִצְרַיִם
הָיְתָה שֶׁל חָמֵשׁ מַכּוֹת
שֶׁנֶּאֱמַר
יְשַׁלַּח־בָּם
חֲרוֹן אַפּוֹ עֶבְרָה וָזַעַם וְצָרָה, מִשְׁלַחַת מַלְאֲכֵי רָעִים
חֲרוֹן אַפּוֹ   אַחַת
עֶבְרָה   שְׁתַּיִם
וָזַעַם   שָׁלֹשׁ
וְצָרָה   אַרְבַּע
מִשְׁלַחַת מַלְאֲכֵי רָעִים   חָמֵשׁ
אֱמֹר מֵעַתָּה
בְּמִצְרַיִם לָקוּ חֲמִשִּׁים מַכּוֹת
וְעַל הַיָּם לָקוּ חֲמִשִּׁים וּמָאתַיִם מַכּוֹת

כַּמָּה
מַעֲלוֹת
טוֹבוֹת
לַמָּקוֹם
עָלֵינוּ !

Rabbi Akiba said: From what passage may we learn, that each plague, which the Holy One, blessed be He, brought upon the Egyptians in Egypt, consisted of five plagues? It is said: "He let loose against them the fierceness of his anger, wrath and indignation and distress, a host of angels of misfortune".

"Fierceness of his anger" — means one plague; "wrath" — means the second plague; "indignation" — the third; "distress" — the fourth; "a host of angels of misfortune" — the fifth. Hence — in **Egypt they were stricken with fifty plagues and on the sea they were stricken with two hundred and fifty plagues.**

How many degrees of grace there are with the Omnipresent toward us!

	הוֹצִיאָנוּ מִמִּצְרַיִם	אִלּוּ
דַּיֵּנוּ	עָשָׂה בָהֶם שְׁפָטִים	וְלֹא
	עָשָׂה בָהֶם שְׁפָטִים	אִלּוּ
דַּיֵּנוּ	עָשָׂה בֵאלֹהֵיהֶם	וְלֹא
	עָשָׂה בֵאלֹהֵיהֶם	אִלּוּ
דַּיֵּנוּ	הָרַג אֶת בְּכוֹרֵיהֶם	וְלֹא
	הָרַג אֶת בְּכוֹרֵיהֶם	אִלּוּ
דַּיֵּנוּ	נָתַן לָנוּ אֶת מָמוֹנָם	וְלֹא
	נָתַן לָנוּ אֶת מָמוֹנָם	אִלּוּ
דַּיֵּנוּ	קָרַע לָנוּ אֶת הַיָּם	וְלֹא
	קָרַע לָנוּ אֶת הַיָּם	אִלּוּ
דַּיֵּנוּ	הֶעֱבִירָנוּ בְתוֹכוֹ בֶּחָרָבָה	וְלֹא
	הֶעֱבִירָנוּ בְתוֹכוֹ בֶּחָרָבָה	אִלּוּ
דַּיֵּנוּ	שִׁקַּע צָרֵינוּ בְּתוֹכוֹ	וְלֹא
	שִׁקַּע צָרֵינוּ בְּתוֹכוֹ	אִלּוּ
דַּיֵּנוּ	סִפֵּק צָרְכֵּנוּ בַּמִּדְבָּר אַרְבָּעִים שָׁנָה	וְלֹא
	סִפֵּק צָרְכֵּנוּ בַּמִּדְבָּר אַרְבָּעִים שָׁנָה	אִלּוּ
דַּיֵּנוּ	הֶאֱכִילָנוּ אֶת הַמָּן	וְלֹא
	הֶאֱכִילָנוּ אֶת הַמָּן	אִלּוּ
דַּיֵּנוּ	נָתַן לָנוּ אֶת הַשַּׁבָּת	וְלֹא
	נָתַן לָנוּ אֶת הַשַּׁבָּת	אִלּוּ
דַּיֵּנוּ	קֵרְבָנוּ לִפְנֵי הַר סִינַי	וְלֹא
	קֵרְבָנוּ לִפְנֵי הַר סִינַי	אִלּוּ
דַּיֵּנוּ	נָתַן לָנוּ אֶת הַתּוֹרָה	וְלֹא
	נָתַן לָנוּ אֶת הַתּוֹרָה	אִלּוּ
דַּיֵּנוּ	הִכְנִיסָנוּ לְאֶרֶץ יִשְׂרָאֵל	וְלֹא
	הִכְנִיסָנוּ לְאֶרֶץ יִשְׂרָאֵל	אִלּוּ
דַּיֵּנוּ	בָּנָה לָנוּ אֶת בֵּית הַבְּחִירָה	וְלֹא

If He had brought us forth from Egypt, **but had not** inflicted judgements on the Egyptians —
    it would suffice us.

If He had inflicted judgements on them, **but had not** inflicted judgements on their gods —
    it would suffice us.

If He had inflicted judgements on their gods, **but had not** killed their first-born —
    it would suffice us.

If He had killed their first-born, **but had not** given us their riches —
    it would suffice us.

If He had given us their riches, **but had not** cloven the sea for us —
    it would suffice us.

If He had cloven the sea for us, **but had not** let us pass through it on dry land —
    it would suffice us.

If He had let us pass through it on dry land, **but had not** sunk our foes into it—
    it would suffice us.

If He had sunk our foes into it, **but had not** supply us with our needs in the desert forty years —
    it would suffice us.

If He had supplied us with our needs in the desert forty years, **but had not** fed us with the manna —
    it would suffice us.

If He had fed us with the manna, **but had not** given us the Sabbath —
    it would suffice us.

If He had given us the Sabbath, **but had not** brought us near to Mount Sinai —
    it would suffice us.

If He had brought us near to Mount Sinai, **but had not** given us the Law —
    it would suffice us.

If He had given us the Law, **but had not** brought us into the land of Israel —
    it would suffice us.

If He had brought us into the land of Israel, **but had not** built for us the Chosen Sanctuary —
    it would suffice us.

How much greater is the multiple and manifold goodness of the Omnipresent toward us! For He brought us forth from Egypt; and inflicted judgements on the Egyptians; and inflicted judgements on their gods; and killed their first-born; and gave us their riches; and clove the sea for us; and let us pass through it on dry land; and sank our foes into it; and supplied us with our needs in the desert forty years; and fed us with the manna; and gave us the Sabbath; and brought us near to Mount Sinai; and gave us the Law; and brought us into the land of Israel; and built for us the Chosen Sanctuary for expiation of all our sins.

Rabban Gamliel was wont to say: Whoever does not mention these three things on the Passover-festival has not fulfilled his duty — namely:

THE PASCHAL LAMB
THE UNLEAVENED PASSOVER-CAKE
AND THE BITTER HERBS

Point to the shankbone taking care not to lift it, and say:

The paschal lamb, which our ancestors ate at the time when the sacred Temple was standing — what does it denote? It denotes, that the Holy One, blessed be He, passed over the houses of our ancestors in Egypt — as it is said: "That ye shall say: It is the sacrifice of the Passover unto the Eternal, Who passed over the houses of the children of Israel in Egypt, when He smote the Egyptians, and our houses did He spare; and the people bent the head and bowed themselves".

עַל אַחַת
כַּמָּה וְכַמָּה
טוֹבָה
כְּפוּלָה וּמְכֻפֶּלֶת
לַמָּקוֹם עָלֵינוּ

שֶׁהוֹצִיאָנוּ מִמִּצְרַיִם
וְעָשָׂה בָהֶם שְׁפָטִים
וְעָשָׂה בֵאלֹהֵיהֶם
וְהָרַג אֶת בְּכוֹרֵיהֶם
וְנָתַן לָנוּ אֶת מָמוֹנָם
וְקָרַע לָנוּ אֶת הַיָּם
וְהֶעֱבִירָנוּ בְתוֹכוֹ בֶּחָרָבָה
וְשִׁקַּע צָרֵינוּ בְּתוֹכוֹ
וְסִפֵּק צָרְכֵּנוּ בַּמִּדְבָּר אַרְבָּעִים שָׁנָה
וְהֶאֱכִילָנוּ אֶת הַמָּן
וְנָתַן לָנוּ אֶת הַתּוֹרָה
וְהִכְנִיסָנוּ לְאֶרֶץ יִשְׂרָאֵל
וּבָנָה לָנוּ אֶת בֵּית הַבְּחִירָה
לְכַפֵּר עַל כָּל עֲוֹנוֹתֵינוּ

רַבָּן גַּמְלִיאֵל הָיָה אוֹמֵר
כָּל שֶׁלֹּא אָמַר שְׁלֹשָׁה דְבָרִים אֵלּוּ בַּפֶּסַח
לֹא יָצָא יְדֵי חוֹבָתוֹ
וְאֵלּוּ הֵן

פֶּסַח מַצָּה וּמָרוֹר

מַרְאֶה בְּיָד עַל הַזְּרוֹעַ וְיִזָּהֵר שֶׁלֹּא לְהַגְבִּיהַ אוֹתָהּ.

פֶּסַח שֶׁהָיוּ אֲבוֹתֵינוּ אוֹכְלִים
בִּזְמַן שֶׁבֵּית הַמִּקְדָּשׁ הָיָה קַיָּם
עַל שׁוּם מָה
עַל שׁוּם שֶׁפֶּסַח הַקָּדוֹשׁ בָּרוּךְ הוּא
עַל בָּתֵּי אֲבוֹתֵינוּ בְּמִצְרַיִם
שֶׁנֶּאֱמַר וַאֲמַרְתֶּם זֶבַח פֶּסַח הוּא לַיָי
אֲשֶׁר פָּסַח עַל בָּתֵּי בְנֵי־יִשְׂרָאֵל בְּמִצְרַיִם
בְּנָגְפּוֹ אֶת־מִצְרַיִם וְאֶת־בָּתֵּינוּ הִצִּיל
וַיִּקֹּד הָעָם וַיִּשְׁתַּחֲווּ

מַרְאֶה אֶת הַמַּצּוֹת לַמְסֻבִּים וְאוֹמֵר:

מַצָּה זוֹ שֶׁאָנוּ אוֹכְלִים

עַל שׁוּם מָה

עַל שׁוּם שֶׁלֹּא הִסְפִּיק בְּצֵקָם שֶׁל אֲבוֹתֵינוּ לְהַחֲמִיץ

עַד שֶׁנִּגְלָה עֲלֵיהֶם מֶלֶךְ מַלְכֵי הַמְּלָכִים

הַקָּדוֹשׁ בָּרוּךְ הוּא וּגְאָלָם

שֶׁנֶּאֱמַר וַיֹּאפוּ אֶת הַבָּצֵק אֲשֶׁר הוֹצִיאוּ מִמִּצְרַיִם

עֻגֹת מַצּוֹת כִּי לֹא חָמֵץ

כִּי גֹרְשׁוּ מִמִּצְרַיִם וְלֹא יָכְלוּ לְהִתְמַהְמֵהַּ

וְגַם צֵדָה לֹא עָשׂוּ לָהֶם

מַרְאֶה אֶת הַמָּרוֹר לַמְסֻבִּים וְאוֹמֵר:

מָרוֹר זֶה שֶׁאָנוּ אוֹכְלִים

עַל שׁוּם מָה

עַל שׁוּם שֶׁמֵּרְרוּ הַמִּצְרִים אֶת חַיֵּי אֲבוֹתֵינוּ בְּמִצְרַיִם

שֶׁנֶּאֱמַר וַיְמָרְרוּ אֶת־חַיֵּיהֶם בַּעֲבֹדָה קָשָׁה

בְּחֹמֶר וּבִלְבֵנִים

וּבְכָל־עֲבֹדָה בַּשָּׂדֶה

אֵת כָּל עֲבֹדָתָם אֲשֶׁר עָבְדוּ בָהֶם בְּפָרֶךְ

בְּכָל דּוֹר וָדוֹר

חַיָּב אָדָם לִרְאוֹת אֶת עַצְמוֹ

כְּאִלּוּ הוּא יָצָא מִמִּצְרַיִם

שֶׁנֶּאֱמַר

וְהִגַּדְתָּ לְבִנְךָ בַּיּוֹם הַהוּא לֵאמֹר

בַּעֲבוּר זֶה עָשָׂה יְיָ לִי בְּצֵאתִי מִמִּצְרַיִם

לֹא אֶת אֲבוֹתֵינוּ בִּלְבָד גָּאַל הַקָּדוֹשׁ בָּרוּךְ הוּא

אֶלָּא אַף אוֹתָנוּ גָּאַל עִמָּהֶם

שֶׁנֶּאֱמַר

וְאוֹתָנוּ הוֹצִיא מִשָּׁם

לְמַעַן הָבִיא אֹתָנוּ

לָתֶת לָנוּ אֶת־הָאָרֶץ

אֲשֶׁר נִשְׁבַּע לַאֲבֹתֵינוּ

מַגְבִּיהִים אֶת הַכּוֹס עַד הַלְלוּיָהּ.

לְפִיכָךְ אֲנַחְנוּ חַיָּבִים

לְהוֹדוֹת לְהַלֵּל לְשַׁבֵּחַ לְפָאֵר לְרוֹמֵם

לְהַדֵּר לְבָרֵךְ לְעַלֵּה וּלְקַלֵּס

לְמִי שֶׁעָשָׂה לַאֲבוֹתֵינוּ וְלָנוּ

אֶת כָּל הַנִּסִּים הָאֵלֶּה

הוֹצִיאָנוּ מֵעַבְדוּת לְחֵרוּת

מִיָּגוֹן לְשִׂמְחָה מֵאֵבֶל לְיוֹם טוֹב

וּמֵאֲפֵלָה לְאוֹר גָּדוֹל וּמִשִּׁעְבּוּד לִגְאֻלָּה

וְנֹאמַר לְפָנָיו שִׁירָה חֲדָשָׁה

הַלְלוּיָהּ

Show the Passover-cakes to the partakers of the meal and say:

This unleavened Passover-cake, which we eat — what does it denote? It denotes, that there was no sufficient time for the leavening of the dough of our ancestors before the King of the Kings, the Holy One, blessed be He, revealed himself to them and redeemed them — as it is said: "And they baked of the dough, which they had brought forth out of Egypt, unleavened cakes, for it was not leavened, because they were thrust out of Egypt and could not tarry, neither had they prepared any provisions for themselves".

Show the bitter herbs to the partakers of the meal and say:

This bitter herb, which we eat — what does it denote? It denotes that the Egyptians embittered the lives of our ancestors in Egypt — as it is said: "And they made their lives bitter with hard labor in mortar and in bricks and in all manner of labor in the field, besides all their own service, wherein they made them labor with rigor".

In every generation it is everyone's duty to look upon himself as if he personally had come forth from Egypt — as it is said: "And thou shalt tell thy son on that day, saying: This is done for the sake of that which the Eternal did unto me when I came forth out of Egypt". Not only our ancestors did the Holy One, blessed be He, redeem, but also us did He redeem together with them — as it is said: "And us He brought out from there, in order to bring us in, to give us the land, which He had sworn unto our fathers".

Lift up the cup, hold it raised till you say "Hallelujah", and say:

Therefore it is our duty to thank, to praise, to laud, to glorify, to exalt, to magnify, to bless, to extol and to revere Him Who wrought for our ancestors and for us all these wonders:

He brought us forth from bondage to freedom, from grief to gladness, from mourning to festivity, and from darkness to great light, and from servitude to redemption. Let us, therefore, chant unto Him a new hymn — Hallelujah!

הַלְלוּיָהּ

הַלְלוּ עַבְדֵי יְיָ הַלְלוּ אֶת־שֵׁם יְיָ
יְהִי שֵׁם יְיָ מְבֹרָךְ מֵעַתָּה וְעַד־עוֹלָם
מִמִּזְרַח שֶׁמֶשׁ עַד מְבוֹאוֹ מְהֻלָּל שֵׁם יְיָ
רָם עַל כָּל גּוֹיִם יְיָ עַל הַשָּׁמַיִם כְּבוֹדוֹ
מִי כַּייָ אֱלֹהֵינוּ הַמַּגְבִּיהִי לָשָׁבֶת
הַמַּשְׁפִּילִי לִרְאוֹת בַּשָּׁמַיִם וּבָאָרֶץ
מְקִימִי מֵעָפָר דָּל מֵאַשְׁפֹּת יָרִים אֶבְיוֹן
לְהוֹשִׁיבִי עִם־נְדִיבִים עִם נְדִיבֵי עַמּוֹ
מוֹשִׁיבִי עֲקֶרֶת הַבַּיִת אֵם־הַבָּנִים שְׂמֵחָה

הַלְלוּיָהּ

Hallelujah! Praise, O ye, servants of the Eternal, praise ye the name of the Eternal. Let the name of the Eternal be blessed from this time forth and for evermore. From the rising of the sun unto his going down the name of the Eternal is praised. High above all nations is the Eternal, above the heavens is His glory. Who is like the Eternal, our Almighty God, Who dwelleth on high? Who condescendeth to view what is done in the heavens and on the earth? He raiseth up out of the dust the poor, from the dunghill He lifteth up the needy, that He may set him with princes, even with the princes of his people. He causeth the barren woman to dwell in the midst of her household as a joyful mother of children. **Hallelujah!**

בְּצֵאת יִשְׂרָאֵל מִמִּצְרָיִם

בֵּית יַעֲקֹב מֵעַם לֹעֵז
הָיְתָה יְהוּדָה לְקָדְשׁוֹ
יִשְׂרָאֵל מַמְשְׁלוֹתָיו
הַיָּם רָאָה וַיָּנֹס
הַיַּרְדֵּן יִסֹּב לְאָחוֹר
הֶהָרִים רָקְדוּ כְאֵילִים
גְּבָעוֹת כִּבְנֵי־צֹאן
מַה־לְּךָ הַיָּם כִּי תָנוּס
הַיַּרְדֵּן תִּסֹּב לְאָחוֹר
הֶהָרִים תִּרְקְדוּ כְאֵילִים
גְּבָעוֹת כִּבְנֵי־צֹאן
מִלִּפְנֵי אָדוֹן חוּלִי אָרֶץ
מִלִּפְנֵי אֱלוֹהַ יַעֲקֹב
הַהֹפְכִי הַצּוּר אֲגַם־מָיִם
חַלָּמִישׁ לְמַעְיְנוֹ־מָיִם

When Israel went forth out of Egypt, the house of Jacob from a people of a strange language — Judah became his sanctuary, and Israel his dominion. The sea beheld it and fled; the Jordan was driven backward. The mountains skipped like wethers, the hills — like lambs. What aileth thee, O sea, that thou fleest?, thou, O Jordan, that thou art driven backward?, ye, mountains, that ye skip like wethers?, ye, hills — like lambs? At the presence of the Lord tremble, O earth, at the presence of the Almighty God of Jacob, Who changes the rock into a pool of water, the flint into a fountain of water.

בָּרוּךְ
אַתָּה יְיָ, אֱלֹהֵינוּ מֶלֶךְ הָעוֹלָם,
אֲשֶׁר גְּאָלָנוּ וְגָאַל אֶת אֲבוֹתֵינוּ מִמִּצְרַיִם
וְהִגִּיעָנוּ לַלַּיְלָה הַזֶּה לֶאֱכָל־בּוֹ מַצָּה וּמָרוֹר
כֵּן יְיָ אֱלֹהֵינוּ וֵאלֹהֵי אֲבוֹתֵינוּ
הַגִּיעֵנוּ לְמוֹעֲדִים וְלִרְגָלִים אֲחֵרִים
הַבָּאִים לִקְרָאתֵנוּ לְשָׁלוֹם
שְׂמֵחִים בְּבִנְיַן עִירֶךְ
וְשָׂשִׂים בַּעֲבוֹדָתֶךְ
וְנֹאכַל שָׁם
מִן הַזְּבָחִים
וּמִן הַפְּסָחִים
אֲשֶׁר יַגִּיעַ דָּמָם
עַל קִיר מִזְבַּחֲךָ
לְרָצוֹן
וְנוֹדֶה לְךָ
שִׁיר חָדָשׁ
עַל גְּאֻלָּתֵנוּ
וְעַל פְּדוּת נַפְשֵׁנוּ
בָּרוּךְ אַתָּה יְיָ, גָּאַל יִשְׂרָאֵל

Lift up the cup and hold it raised till the end of the following blessing:

Blessed art Thou, O Eternal, our Almighty God, King of the universe, Who redeemed us and redeemed our ancestors from Egypt and let us attain to this night, to eat thereon unleavened Passover-cakes and bitter herbs. Thus, O Eternal, our Almighty God and Almighty God of our ancestors, let us attain to other festivals and pilgrim-holidays — may they come upon us in peace — and may we be rejoiced at the upbuilding of Thy City and happy in Thy worship, an may we eat there of the sacrifices and of the paschal lambs, whose blood shall touch the wall of Thine altar, to be accepted by Thee, and then we will give thanks unto Thee with a new song for our redemption and for the rescue of our souls. Blessed art Thou, O Eternal, Who redeemed Israel.

נֻסָח הַמַהֲרַ"ל מִפְּרָאג:

הִנְנִי מוּכָן וּמְזֻמָּן לְקַיֵּם מִצְוַת כּוֹס שֵׁנִי שֶׁהוּא כְּנֶגֶד בְּשׂוֹרַת הַיְשׁוּעָה, שֶׁאָמַר הַקָּדוֹשׁ בָּרוּךְ הוּא לְיִשְׂרָאֵל וְהִצַּלְתִּי אֶתְכֶם מֵעֲבוֹדָתָם

בָּרוּךְ אַתָּה יְיָ, אֱלֹהֵינוּ מֶלֶךְ הָעוֹלָם,
בּוֹרֵא פְּרִי הַגָּפֶן

According to the tradition of the Maharal of Prague say:

I am hereby ready and willing to fulfil the commandment of the second cup of wine, which regards the tiding of the redemption, that the Holy One, blessed be He, said to Israel: "And I will release you from their bondage".

Blessed art Thou, O Eternal, our Almighty God, King of the universe, Creator of the fruit of the vine.

Drink the cup of wine, reclining on the left side.

שׁוֹתִין אֶת הַכּוֹס בַּהֲסִבַּת שְׂמֹאל

ABLUTION OF THE HANDS

Wash your hands (by pouring water over them from a vessel) and say the following blessing:

Blessed art Thou, O Eternal, our Almighty God, King of the universe, Who sanctified us by His commandments and gave us the commandment of the ablution of the hands.

BLESSINGS FOR THE BREAD AND FOR THE UNLEAVENED PASSOVER-CAKE

Take the unleavened Passover cakes in the order in which they were placed — the broken Passover-cake between the two whole ones, hold them in your hands and say the blessing for the bread, having in mind the upper Passover-cake, and the blessing for the eating of the unleavened Passover-cake, having in mind the middle broken one; now break off a piece (in the size of and olive) of the upper whole Passover-cake and a piece (in the size of an olive) of the middle broken one, dip the two "olive-size" pieces into salt and eat them, reclining on the left side.

Blessed art Thou, O Eternal, our Almighty God, King of the universe, Who brings forth bread from the earth.

Blessed art Thou, O Eternal, our Almighty God, King of the universe, who sanctified us by his commandments and gave us the commandment of the eating of unleavened Passover-cake.

BITTER HERBS

Each of the partakers of the meal takes a piece (in the size of an olive) of bitter herbs, dips it into the Fruit-pap ("charoseth"), then shakes the Fruit-pap off the bitter herbs and eats it without reclining after saying the following blessing:

Blessed art Thou, O Eternal, our Almighty God, King of the universe, Who sanctified us by his commandments and gave us the commandment of the eating of bitter herbs.

PASSOVER-"SANDWICH"

Each of the partakers of the meal takes an "olive-size" piece of the third (the undermost) Passover-cake and an "olive-size" piece of bitter herbs, "sandwiches" them together and eats them, reclining on the left side without blessing, but after saying the following:

רָחְצָה

נוטלין את הַיָדַיִם ומְבָרְכים

בָּרוּךְ אַתָּה יְיָ, אֱלֹהֵינוּ מֶלֶךְ הָעוֹלָם,
אֲשֶׁר קִדְּשָׁנוּ בְּמִצְוֹתָיו וְצִוָּנוּ עַל נְטִילַת יָדָיִם

מוֹצִיא, מַצָּה

יקַח הַמַּצות בַּסדר שהניחָן. הַפרוסָה בין שתי הַשלמות, ויאחֵז שלָשתָן בּיָדו ויבָרך "הַמוציא" בכַוָנָה עַל הָעליונָה ו"עַל אֲכילַת מַצָה" בּכַוָנָה עַל הַפרוסָה. אַחַר כָך יבצַע כזית מן הָעליונָה הַשלֵמָה וכזית שני מן הַפרוסָה ויטבלם במלַח. ויאכַל בַּהֲסבָה שני הַזיתים

בָּרוּךְ אַתָּה יְיָ, אֱלֹהֵינוּ מֶלֶךְ הָעוֹלָם,
הַמּוֹצִיא לֶחֶם מִן הָאָרֶץ
בָּרוּךְ אַתָּה יְיָ, אֱלֹהֵינוּ מֶלֶךְ הָעוֹלָם,
אֲשֶׁר קִדְּשָׁנוּ בְּמִצְוֹתָיו וְצִוָּנוּ עַל אֲכִילַת מַצָּה

מָרוֹר

כָּל אחָד מהַמסבים לוקחַ כזית מָרור ומטַבלו בַּחרסת. חוזר ומנַער הַחַרסת, מבָרך ואוכל בלי הַסבָה

בָּרוּךְ אַתָּה יְיָ, אֱלֹהֵינוּ מֶלֶךְ הָעוֹלָם,
אֲשֶׁר קִדְּשָׁנוּ בְּמִצְוֹתָיו וְצִוָּנוּ עַל אֲכִילַת מָרוֹר

כּוֹרֵךְ

כָּל אחָד מהַמסבים לוקחַ כזית מן הַמַּצָה הַשלישית עם כזית מָרור וכורכָם יַחַד. אוכלָם בַּהֲסבָה ובלי ברָכָה. לפני אָכלו אומר

In memory of the Holy Temple — according to Hillel's custom. Thus was Hillel wont to do in the time when the Holy Temple was standing: He made a "sandwich" of the Passover-cake and the bitter herbs and ate them together, in order to fulfil what is said: "With unleavened bread and bitter herbs shall they eat it".

TABLE-SETTING

Begin the ceremonial meal, as customary, with boiled eggs, and eat and drink, but not too much, lest the aftermeal of the hidden Passover-cake should be for you superfluous and excessive.

THE HIDDEN AFTERMEAL
PASSOVER-CAKE

At the end of the meal each of the partakers takes an "olive-size" piece of the hidden half of the middle Passover-cake, which was put aside for aftermeal ("Afikoman"), and eats it, reclining on the left side. It ought to be eaten before midnight.

According to the Sephardic tradition one says the following before eating the hidden aftermeal Passover-cake:

In memory of the paschal lamb sacrifice, which is eaten in satiety.

GRACE AFTER MEAL

Fill the third cup of wine and say the grace after the meal.

A song of the degrees. When the Eternal bringeth back again the captivity of Zion, then shall we be like dreamers. Then shall our mouth be filled with laughter and our tongue with singing. Then shall they say among the nations: Great things hath the Eternal done for these, great things would the Eternal have done for us — we should be joyful. Bring back again, O Eternal, our captivity like rivulets in arid land. Those that sow in tears shall reap with joyful song. He goeth forth indeed and weepeth — that beareth the seed for sowing. But he will surely come with joyful song when he beareth his sheaves.

זֵכֶר לְמִקְדָּשׁ כְּהִלֵּל
כֵּן עָשָׂה הִלֵּל בִּזְמַן שֶׁבֵּית הַמִּקְדָּשׁ הָיָה קַיָּם
הָיָה כּוֹרֵךְ מַצָּה וּמָרוֹר וְאוֹכֵל בְּיַחַד
לְקַיֵּם מַה שֶׁנֶּאֱמַר עַל מַצּוֹת וּמְרֹרִים יֹאכְלֻהוּ

שֻׁלְחָן עוֹרֵךְ אוֹכְלִים וְשׁוֹתִים הַסְּעֻדָּה הָעֲרוּכָה וְנוֹהֲגִים לֶאֱכֹל תְּחִלָּה בֵּיצִים מְבֻשָּׁלוֹת. וְלֹא יֹאכַל יוֹתֵר מִדַּי. שֶׁלֹּא תִהְיֶה עָלָיו אֲכִילַת אֲפִיקוֹמֵן אֲכִילָה גַּסָּה

צָפוּן אַחַר גְּמַר הַסְּעֻדָּה לוֹקֵחַ כָּל אֶחָד מֵהַמְסֻבִּים כְּזַיִת מֵהַמַּצָּה שֶׁהָיְתָה צְפוּנָה לַאֲפִיקוֹמֵן וְאוֹכֵל מִמֶּנָּה כְּזַיִת בַּהֲסִבָּה. וְצָרִיךְ לְאָכְלָהּ קֹדֶם חֲצוֹת הַלַּיְלָה

הַסְּפָרַדִּים אוֹמְרִים לִפְנֵי אֲכִילַת הָאֲפִיקוֹמֵן
זֵכֶר לְקָרְבַּן פֶּסַח הַנֶּאֱכָל עַל הַשֹּׂבַע

בָּרֵךְ מוֹזְגִין כּוֹס שְׁלִישִׁי וּמְבָרְכִין בִּרְכַּת הַמָּזוֹן

שִׁיר הַמַּעֲלוֹת: בְּשׁוּב יְיָ אֶת שִׁיבַת צִיּוֹן הָיִינוּ כְּחֹלְמִים. אָז יִמָּלֵא שְׂחוֹק פִּינוּ וּלְשׁוֹנֵנוּ רִנָּה. אָז יֹאמְרוּ בַגּוֹיִם: הִגְדִּיל יְיָ לַעֲשׂוֹת עִם אֵלֶּה. הִגְדִּיל יְיָ לַעֲשׂוֹת עִמָּנוּ, הָיִינוּ שְׂמֵחִים. שׁוּבָה יְיָ אֶת שְׁבוּתֵנוּ כַּאֲפִיקִים בַּנֶּגֶב. הַזֹּרְעִים בְּדִמְעָה, בְּרִנָּה יִקְצֹרוּ. הָלוֹךְ יֵלֵךְ וּבָכֹה נֹשֵׂא מֶשֶׁךְ הַזָּרַע, בֹּא יָבֹא בְרִנָּה נֹשֵׂא אֲלֻמֹּתָיו.

Three men who ate together must say grace in company (not each of them for himself), and the leader of the grace begins:

Gentlemen, let's say grace!

The partakers of the meal answer:

Blessed be the Name of the Eternal from now unto eternity!

The leader of the grace says:

With our masters' and gentlemen's permission, let's bless Him (*[if there are ten grace-sayers:]* our Almighty God,) that what we have eaten is His.

The partakers of the meal answer:

Blessed be He (*[if there are ten grace-sayers:]* our Almighty God,) that what we have eaten is His and through Whose goodness we are living.

The leader of the grace repeats:

Blessed be He (*[if there are ten grace-sayers:]* our Almighty God,) that what we have eaten is His and through Whose goodness we are living.

All of them say:

Blessed be He and blessed be His Name.

Blessed art Thou, O Eternal, our Almighty God, King of the universe, Who feeds the whole world with His goodness, with favour, with benevolence and with compassion. He gives food to all flesh, for to eternity endures His benevolence. And through His great goodness never were we in need and never shall we be in need of food for ever and aye — for the sake of His great Name. For He feeds and maintaines all and does good to all and prepares food for all His creatures, which He created. Blessed art Thou, O Eternal, Feeder of all beings.

שְׁלֹשָׁה שֶׁאָכְלוּ כְּאֶחָד חַיָּבִין לְזַמֵּן וְהַמְזַמֵּן פּוֹתֵחַ

רַבּוֹתַי נְבָרֵךְ

הַמְסֻבִּים עוֹנִים

יְהִי שֵׁם יְיָ מְבֹרָךְ מֵעַתָּה וְעַד עוֹלָם

הַמְזַמֵּן אוֹמֵר

בִּרְשׁוּת מָרָנָן וְרַבּוֹתַי נְבָרֵךְ (בַּעֲשָׂרָה מוֹסִיפִים אֱלֹהֵינוּ)
שֶׁאָכַלְנוּ מִשֶּׁלּוֹ

הַמְסֻבִּים עוֹנִים

בָּרוּךְ (בַּעֲשָׂרָה מוֹסִיפִים אֱלֹהֵינוּ) שֶׁאָכַלְנוּ מִשֶּׁלּוֹ וּבְטוּבוֹ חָיִינוּ

הַמְזַמֵּן חוֹזֵר וְאוֹמֵר

בָּרוּךְ (בַּעֲשָׂרָה מוֹסִיפִים אֱלֹהֵינוּ) שֶׁאָכַלְנוּ מִשֶּׁלּוֹ וּבְטוּבוֹ חָיִינוּ

כֻּלָּם אוֹמְרִים

בָּרוּךְ הוּא וּבָרוּךְ שְׁמוֹ

בָּרוּךְ אַתָּה יְיָ, אֱלֹהֵינוּ מֶלֶךְ הָעוֹלָם, הַזָּן אֶת הָעוֹלָם
כֻּלּוֹ בְּטוּבוֹ, בְּחֵן בְּחֶסֶד וּבְרַחֲמִים, הוּא נוֹתֵן לֶחֶם לְכָל
בָּשָׂר, כִּי לְעוֹלָם חַסְדּוֹ. וּבְטוּבוֹ הַגָּדוֹל תָּמִיד לֹא חָסַר
לָנוּ וְאַל יֶחְסַר לָנוּ מָזוֹן לְעוֹלָם וָעֶד, בַּעֲבוּר שְׁמוֹ הַגָּדוֹל.
כִּי הוּא אֵל זָן וּמְפַרְנֵס לַכֹּל, וּמֵיטִיב לַכֹּל, וּמֵכִין מָזוֹן
לְכָל בְּרִיּוֹתָיו אֲשֶׁר בָּרָא
בָּרוּךְ אַתָּה יְיָ, הַזָּן אֶת הַכֹּל

We thank Thee, O Eternal, our Almighty God, for the desirable, good and spacious land, which Thou gavest to our ancestors as a heritage, and for Thy bringing us forth, O Eternal, our Almighty God, from the land of Egypt and for Thy delivering us from the house of slavery and for Thy covenant, which Thou sealedst in our flesh, and for Thy Law, which Thou taughtest us, and for Thy statutes, which Thou madest known to us, and for the life and favour and benevolence, which Thou bestowedst upon us, and for the nourishment wherewith we get nourished, for Thou feedest and maintainest us constantly — every day, at all times and at every hour.

נוֹדֶה לְךָ יְיָ אֱלֹהֵינוּ עַל שֶׁהִנְחַלְתָּ לַאֲבוֹתֵינוּ אֶרֶץ חֶמְדָּה טוֹבָה וּרְחָבָה, וְעַל שֶׁהוֹצֵאתָנוּ יְיָ אֱלֹהֵינוּ מֵאֶרֶץ מִצְרַיִם וּפְדִיתָנוּ מִבֵּית עֲבָדִים, וְעַל בְּרִיתְךָ שֶׁחָתַמְתָּ בִּבְשָׂרֵנוּ, וְעַל תּוֹרָתְךָ שֶׁלִּמַּדְתָּנוּ, וְעַל חֻקֶּיךָ שֶׁהוֹדַעְתָּנוּ, וְעַל חַיִּים חֵן וָחֶסֶד שֶׁחוֹנַנְתָּנוּ, וְעַל אֲכִילַת מָזוֹן שָׁאַתָּה זָן וּמְפַרְנֵס אוֹתָנוּ תָּמִיד, בְּכָל יוֹם וּבְכָל עֵת וּבְכָל שָׁעָה

And for all this, O Eternal, our Almighty God, we thank Thee and bless Thee; blessed be Thy name by the mouth of all living beings constantly, for ever and aye — as it is written: "And when thou hast eaten and art satisfied, then shalt thou bless the Eternal, thine Almighty God for the good land, which He hath given thee". Blessed art Thou, O Eternal, for the land and for the food.

וְעַל הַכֹּל יְיָ אֱלֹהֵינוּ אֲנַחְנוּ מוֹדִים לָךְ וּמְבָרְכִים אוֹתָךְ, יִתְבָּרַךְ שִׁמְךָ בְּפִי כָּל חַי תָּמִיד לְעוֹלָם וָעֶד, כַּכָּתוּב: וְאָכַלְתָּ וְשָׂבָעְתָּ וּבֵרַכְתָּ אֶת יְיָ אֱלֹהֶיךָ עַל הָאָרֶץ הַטֹּבָה אֲשֶׁר נָתַן לָךְ
בָּרוּךְ אַתָּה יְיָ, עַל הָאָרֶץ וְעַל הַמָּזוֹן

Have compassion, O Eternal, our Almighty God, upon Israel, Thy people, and upon Jerusalem, Thy City, and upon Zion, The Abode of Thy glory, and upon the Kingdom of the House of David, Thine Anointed, and upon the great and holy House whereon Thy Name is called. O our Almighty God, O our Father, tend us, feed us, maintain us, support us, relieve us and speedily bring relief to us from all our distresses; and let us not be in need, O Eternal, our Almighty God — we beseech Thee — either of any bestowals from hands of flesh-and-blood or any loans of theirs, but let us depend only on Thy full, open, holy and generous Hand, so that we should not be ashamed nor abashed for ever and aye.

רַחֶם־נָא יְיָ אֱלֹהֵינוּ עַל יִשְׂרָאֵל עַמֶּךָ, וְעַל יְרוּשָׁלַיִם עִירֶךָ, וְעַל צִיּוֹן מִשְׁכַּן כְּבוֹדֶךָ, וְעַל מַלְכוּת בֵּית דָּוִד מְשִׁיחֶךָ, וְעַל הַבַּיִת הַגָּדוֹל וְהַקָּדוֹשׁ שֶׁנִּקְרָא שִׁמְךָ עָלָיו. אֱלֹהֵינוּ, אָבִינוּ, רְעֵנוּ, זוֹנֵנוּ, פַּרְנְסֵנוּ וְכַלְכְּלֵנוּ, וְהַרְוִיחֵנוּ וְהַרְוַח לָנוּ, יְיָ אֱלֹהֵינוּ, מְהֵרָה מִכָּל צָרוֹתֵינוּ. וְנָא אַל תַּצְרִיכֵנוּ, יְיָ אֱלֹהֵינוּ, לֹא לִידֵי מַתְּנַת בָּשָׂר וָדָם וְלֹא לִידֵי הַלְוָאָתָם, כִּי אִם לְיָדְךָ הַמְּלֵאָה, הַפְּתוּחָה, הַקְּדוֹשָׁה וְהָרְחָבָה, שֶׁלֹּא נֵבוֹשׁ וְלֹא נִכָּלֵם לְעוֹלָם וָעֶד

On Sabbath add the following:

בשַׁבָּת מוסִיפִין

Be pleased to strengthen us, O Eternal, our Almighty God, by Thy commandments, especially by the commandment of the Seventh Day, this great and holy Sabbath, for this day is great and holy before Thee — to stop doing anything thereon and to rest thereon in love — in accordance to the commandment of Thy will. And may it be Thy will to grant us rest, O Eternal, our Almighty God, so that there should not be any distress, grief and sigh on the day of our rest; and let us, O Eternal, our Almighty God, see Zion, Thy City, consoled, and Jerusalem, Thy holy City, rebuilt — for Thou art the Lord of all salvation and the Lord of all consolation.

רְצֵה וְהַחֲלִיצֵנוּ, יְיָ אֱלֹהֵינוּ, בְּמִצְוֹתֶיךָ וּבְמִצְוַת יוֹם הַשְּׁבִיעִי, הַשַּׁבָּת הַגָּדוֹל וְהַקָּדוֹשׁ הַזֶּה, כִּי יוֹם זֶה גָּדוֹל וְקָדוֹשׁ הוּא לְפָנֶיךָ לִשְׁבָּת בּוֹ וְלָנוּחַ בּוֹ בְּאַהֲבָה, כְּמִצְוַת רְצוֹנֶךָ. וּבִרְצוֹנְךָ הָנַח לָנוּ, יְיָ אֱלֹהֵינוּ, שֶׁלֹּא תְהִי צָרָה וְיָגוֹן וַאֲנָחָה בְּיוֹם מְנוּחָתֵנוּ. וְהַרְאֵנוּ, יְיָ אֱלֹהֵינוּ, בְּנֶחָמַת צִיּוֹן עִירֶךָ וּבְבִנְיַן יְרוּשָׁלַיִם עִיר קָדְשֶׁךָ, כִּי אַתָּה הוּא בַּעַל הַיְשׁוּעוֹת וּבַעַל הַנֶּחָמוֹת

May ascend, O our Almighty God and Almighty God of our ancestors, and approach and arrive unto Thee and be considered and accepted and heard and recalled and recollected before Thee — our remembrance and the thought of us together with the remembrance of our ancestors and the remembrance of the Messiah, the son of David, Thy servant, and the remembrance of Jerusalem, Thy holy City, and the remembrance of the whole of Thy people, the House of Israel — with salvation and with well-being and with favour and with benevolence and with compassion and with life and with peace — on this day of the feast of the unleavened cakes. Remember us thereon for wellbeing and think of us thereon for blessing and save us thereon for life; and by the promise of salvation and compassion pity us and favour us — for up to Thee are our eyes lifted, because a merciful and compassionate God and King art Thou!

אֱלֹהֵינוּ וֵאלֹהֵי אֲבוֹתֵינוּ

יַעֲלֶה וְיָבֹא וְיַגִּיעַ וְיֵרָאֶה וְיֵרָצֶה וְיִשָּׁמַע, וְיִפָּקֵד וְיִזָּכֵר זִכְרוֹנֵנוּ וּפִקְדוֹנֵנוּ וְזִכְרוֹן אֲבוֹתֵינוּ, וְזִכְרוֹן מָשִׁיחַ בֶּן דָּוִד עַבְדֶּךָ, וְזִכְרוֹן יְרוּשָׁלַיִם עִיר קָדְשֶׁךָ, וְזִכְרוֹן כָּל עַמְּךָ בֵּית יִשְׂרָאֵל לְפָנֶיךָ לִפְלֵיטָה, לְטוֹבָה, לְחֵן וּלְחֶסֶד וּלְרַחֲמִים, לְחַיִּים וּלְשָׁלוֹם בְּיוֹם חַג הַמַּצּוֹת הַזֶּה. זָכְרֵנוּ, יְיָ אֱלֹהֵינוּ, בּוֹ לְטוֹבָה, וּפָקְדֵנוּ בוֹ לִבְרָכָה, וְהוֹשִׁיעֵנוּ בוֹ לְחַיִּים. וּבִדְבַר יְשׁוּעָה וְרַחֲמִים חוּס וְחָנֵּנוּ וְרַחֵם עָלֵינוּ וְהוֹשִׁיעֵנוּ, כִּי אֵלֶיךָ עֵינֵינוּ, כִּי אֵל מֶלֶךְ חַנּוּן וְרַחוּם אָתָּה

And rebuild Jerusalem, the Holy City, speedily in our days. Blessed art Thou, O Eternal, Who in His compassion rebuilds Jerusalem — Amen!

וּבְנֵה יְרוּשָׁלַיִם עִיר הַקֹּדֶשׁ בִּמְהֵרָה בְיָמֵינוּ

בָּרוּךְ אַתָּה יְיָ, בּוֹנֵה בְרַחֲמָיו יְרוּשָׁלָיִם, אָמֵן

Blessed art Thou, O Eternal, our Almighty God, King of the universe, O God, our Father, our King, our Sovereign, our Creator, our Redeemer, our Maker, our Holy One, the Holy One of Jacob, our Shepherd, the Shepherd of Israel, O King, Who is benign and beneficent towards all beings — it is He Who day by day did good, He Who does good, He Who will do good to us, it is He Who was bountiful to us, He Who is bountiful to us, He Who will be bountiful to us for aye — with favour, with benevolence and with compassion, with relief, rescue and success, blessing and salvation, consolation, maintenance and support and compassion and life and peace and all good. And of all the good never may He let us be in need.

O All-merciful, may He reign over us for ever and aye! O All-merciful, shall He be blessed in heaven and on earth! O All-merciful, shall He be lauded from generation to generation and glorified through us for ever and ever and magnified through us to all eternity! O All-merciful, may He maintain us in an honourable way! O All-merciful, may He break our yoke off our neck and may He lead us upright into our land! O All-merciful, may He send plenty of blessing into this house and upon this table whereat we have eaten! O All-merciful, may He send to us the Prophet Elijah of blessed memory, to bring us good tidings and to be for us the Herald of salvation and consolation!

He who depends for support on his parents says the following:

O All-merciful, may He bless my father and teacher, the master of this house, and my mother and teacher, the mistress of this house — both of them and their house and their children and all their belongings!

The master of the house says the following:

O All-merciful, may He bless me and my wife and my children and all my belongings!

The mistress of the house says the following:

O All-merciful, may He bless me and my husband and my children and all my belongings!

בָּרוּךְ אַתָּה יְיָ, אֱלֹהֵינוּ מֶלֶךְ הָעוֹלָם, הָאֵל אָבִינוּ מַלְכֵּנוּ, אַדִּירֵנוּ בּוֹרְאֵנוּ גּוֹאֲלֵנוּ, יוֹצְרֵנוּ קְדוֹשֵׁנוּ קְדוֹשׁ יַעֲקֹב, רוֹעֵנוּ רוֹעֵה יִשְׂרָאֵל, הַמֶּלֶךְ הַטּוֹב וְהַמֵּטִיב לַכֹּל, שֶׁבְּכָל יוֹם וָיוֹם הוּא הֵטִיב, הוּא מֵטִיב, הוּא יֵיטִיב לָנוּ. הוּא גְמָלָנוּ, הוּא גוֹמְלֵנוּ, הוּא יִגְמְלֵנוּ לָעַד, לְחֵן וּלְחֶסֶד וּלְרַחֲמִים וּלְרֶוַח הַצָּלָה וְהַצְלָחָה, בְּרָכָה וִישׁוּעָה, נֶחָמָה, פַּרְנָסָה וְכַלְכָּלָה, וְרַחֲמִים וְחַיִּים וְשָׁלוֹם וְכָל טוֹב, וּמִכָּל טוּב לְעוֹלָם אַל יְחַסְּרֵנוּ

הָרַחֲמָן הוּא יִמְלֹךְ עָלֵינוּ לְעוֹלָם וָעֶד
הָרַחֲמָן הוּא יִתְבָּרַךְ בַּשָּׁמַיִם וּבָאָרֶץ
הָרַחֲמָן הוּא יִשְׁתַּבַּח לְדוֹר דּוֹרִים, וְיִתְפָּאַר בָּנוּ לָנֶצַח נְצָחִים, וְיִתְהַדַּר בָּנוּ לָעַד וּלְעוֹלְמֵי עוֹלָמִים
הָרַחֲמָן הוּא יְפַרְנְסֵנוּ בְּכָבוֹד
הָרַחֲמָן הוּא יִשְׁבֹּר עֻלֵּנוּ מֵעַל צַוָּארֵנוּ וְהוּא יוֹלִיכֵנוּ קוֹמְמִיּוּת לְאַרְצֵנוּ
הָרַחֲמָן הוּא יִשְׁלַח לָנוּ בְּרָכָה מְרֻבָּה בַּבַּיִת הַזֶּה וְעַל שֻׁלְחָן זֶה שֶׁאָכַלְנוּ עָלָיו
הָרַחֲמָן הוּא יִשְׁלַח לָנוּ אֶת אֵלִיָּהוּ הַנָּבִיא זָכוּר לַטּוֹב, וִיבַשֶּׂר־לָנוּ בְּשׂוֹרוֹת טוֹבוֹת, יְשׁוּעוֹת וְנֶחָמוֹת

בֵּן הַסָּמוּךְ עַל שֻׁלְחַן הוֹרָיו אוֹמֵר

הָרַחֲמָן הוּא יְבָרֵךְ אֶת אָבִי מוֹרִי בַּעַל הַבַּיִת הַזֶּה, וְאֶת אִמִּי מוֹרָתִי בַּעֲלַת הַבַּיִת הַזֶּה אוֹתָם וְאֶת בֵּיתָם וְאֶת זַרְעָם וְאֶת כָּל אֲשֶׁר לָהֶם

בַּעַל הַבַּיִת אוֹמֵר

הָרַחֲמָן הוּא יְבָרֵךְ אוֹתִי וְאֶת אִשְׁתִּי וְאֶת זַרְעִי וְאֶת כָּל אֲשֶׁר לִי

בַּעֲלַת הַבַּיִת אוֹמֶרֶת

הָרַחֲמָן הוּא יְבָרֵךְ אוֹתִי וְאֶת בַּעְלִי וְאֶת זַרְעִי וְאֶת כָּל אֲשֶׁר לִי

Guests say the following:

O All-merciful, may He bless the master of this house and the mistress of this house and all the partakers of this meal — all of them and their ḥouses and all their belongings, and also us and all our belongings! And just as our ancestors, Abraham, Isaac and Jacob, were blessed in everything, by everything and with everything, so may He bless all of us together with a perfect blessing — and let us say Amen!

אוֹרֵחַ אוֹמֵר

הָרַחֲמָן הוּא יְבָרֵךְ אֶת בַּעַל הַבַּיִת הַזֶּה וְאֶת בַּעֲלַת הַבַּיִת הַזֶּה וְאֶת כָּל הַמְּסֻבִּין כָּאן
אוֹתָם וְאֶת בֵּיתָם וְאֶת כָּל אֲשֶׁר לָהֶם
אוֹתָנוּ וְאֶת כָּל אֲשֶׁר לָנוּ, כְּמוֹ שֶׁנִּתְבָּרְכוּ אֲבוֹתֵינוּ אַבְרָהָם יִצְחָק וְיַעֲקֹב בַּכֹּל, מִכֹּל, כֹּל, כֵּן יְבָרֵךְ אוֹתָנוּ כֻּלָּנוּ יַחַד בִּבְרָכָה שְׁלֵמָה, וְנֹאמַר אָמֵן

In the high Heaven may be a pleading in favour of both them and us, so that the merits may become good custodians of the peace and bring us to receive a blessing from the Eternal and to be accounted righteous by the Almighty God of our salvation and to "find grace and good favour in the eyes of the Almighty God and of human beings".

בַּמָּרוֹם יְלַמְּדוּ עֲלֵיהֶם וְעָלֵינוּ זְכוּת שֶׁתְּהֵי לְמִשְׁמֶרֶת שָׁלוֹם, וְנִשָּׂא בְרָכָה מֵאֵת יְיָ וּצְדָקָה מֵאֱלֹהֵי יִשְׁעֵנוּ, וְנִמְצָא חֵן וְשֵׂכֶל טוֹב בְּעֵינֵי אֱלֹהִים וְאָדָם

On Sabbath say:

O All-merciful, may He let us inherit that Day that the whole of it shall be Sabbath and rest for the eternal life!

O All-merciful, may He let us inherit that Day that the whole of it shall be goodness, that Day that the whole of it shall be endlessness, that Day whereon the just will sit with the crowns on their heads, taking delight in the Divine Glory! May we share with them in their fortune!

O All-merciful, may He make us worthy to reach the days of the Messiah and to live the life of the next world!

"He is the tower of salvation of his king and He showeth kindness to his Anointed, to David and to his seed, forever".

May He Who makes peace in his high Heavens — make peace for us and for all of Israel, and let us say Amen!

בְּשַׁבָּת

הָרַחֲמָן הוּא יַנְחִילֵנוּ לְיוֹם שֶׁכֻּלּוֹ שַׁבָּת וּמְנוּחָה, לְחַיֵּי הָעוֹלָמִים

הָרַחֲמָן הוּא יַנְחִילֵנוּ לְיוֹם שֶׁכֻּלּוֹ טוֹב. לְיוֹם שֶׁכֻּלּוֹ אָרוֹךְ. לְיוֹם שֶׁצַּדִּיקִים יוֹשְׁבִים וְעַטְרוֹתֵיהֶם בְּרָאשֵׁיהֶם וְנֶהֱנִים מִזִּיו הַשְּׁכִינָה. וִיהִי חֶלְקֵנוּ עִמָּהֶם.

הָרַחֲמָן הוּא יְזַכֵּנוּ לִימוֹת הַמָּשִׁיחַ וּלְחַיֵּי הָעוֹלָם הַבָּא. מִגְדּוֹל יְשׁוּעוֹת מַלְכּוֹ וְעֹשֶׂה חֶסֶד לִמְשִׁיחוֹ, לְדָוִד וּלְזַרְעוֹ עַד עוֹלָם. עֹשֶׂה שָׁלוֹם בִּמְרוֹמָיו הוּא יַעֲשֶׂה שָׁלוֹם עָלֵינוּ וְעַל כָּל יִשְׂרָאֵל, וְאִמְרוּ אָמֵן

"Oh, fear the Eternal, ye His saints, for there is no want to those who fear Him. The young lions do lack and suffer hunger, but those who seek the Eternal shall not want any good".

יִרְאוּ אֶת יְיָ קְדֹשָׁיו, כִּי אֵין מַחְסוֹר לִירֵאָיו. כְּפִירִים רָשׁוּ וְרָעֵבוּ, וְדֹרְשֵׁי יְיָ לֹא יַחְסְרוּ כָל טוֹב. הוֹדוּ לַייָ כִּי

"Oh, give thanks unto the Eternal, for His is good, because to eternity endureth His kindness!"

"Thou openest Thy Hand and satisfiest the desire of every living being".

"Blessed is the man that trusteth in the Eternal, and the Eternal will be his trust".

"I have been young and I am also grown old, yet have I never seen a righteous man forsaken, nor his seed seeking for bread".

"The Eternal will give strength unto His people, the Eternal will bless His people **with peace".**

I am hereby ready and willing to fulfil the commandment of the third cup of wine, which regards the tiding of the redemption that the Holy One, blessed be He, said to Israel: "And I will redeem you with an outstretched arm and with great judgments".

Blessed art Thou, O Eternal, our Almighty God, King of the universe, Creator of the fruit of the vine.

Drink reclining on the left side.

Fill the cup of Elijah and open the door.

טוֹב, כִּי לְעוֹלָם חַסְדּוֹ. פּוֹתֵחַ אֶת יָדֶךָ וּמַשְׂבִּיעַ לְכָל חַי רָצוֹן. בָּרוּךְ הַגֶּבֶר אֲשֶׁר יִבְטַח בַּיְיָ, וְהָיָה יְיָ מִבְטַחוֹ. נַעַר הָיִיתִי, גַּם זָקַנְתִּי, וְלֹא רָאִיתִי צַדִּיק נֶעֱזָב וְזַרְעוֹ מְבַקֶּשׁ-לָחֶם

יְיָ עֹז לְעַמּוֹ יִתֵּן יְיָ יְבָרֵךְ אֶת-עַמּוֹ **בַשָּׁלוֹם**

הִנְנִי מוּכָן וּמְזֻמָּן לְקַיֵּם מִצְוַת כּוֹס שְׁלִישִׁי כְּנֶגֶד בְּשׂוֹרַת הַיְשׁוּעָה, שֶׁאָמַר הַקָּדוֹשׁ בָּרוּךְ הוּא לְיִשְׂרָאֵל וְגָאַלְתִּי אֶתְכֶם בִּזְרוֹעַ נְטוּיָה וּבִשְׁפָטִים גְּדוֹלִים

בָּרוּךְ אַתָּה יְיָ, אֱלֹהֵינוּ מֶלֶךְ הָעוֹלָם,
בּוֹרֵא פְּרִי הַגָּפֶן

שׁוֹתִין בְּהַסִּבַּת שְׂמֹאל

מוֹזְגִין כּוֹסוֹ שֶׁל אֵלִיָּהוּ וּפוֹתְחִין אֶת הַדֶּלֶת

POUR OUT

Thy fury over the nations that acknowledge Thee not and over the kingdoms that have not called on Thy Name, for they have devoured Jacob and his dwelling-place did they lay waste".

"Pour out over them Thy indignation and let the heat of Thy anger overtake them".

"Pursue them in anger and destroy them from under the Heavens of the Eternal".

שְׁפֹךְ

חֲמָתְךָ אֶל הַגּוֹיִם אֲשֶׁר לֹא יְדָעוּךָ וְעַל מַמְלָכוֹת אֲשֶׁר בְּשִׁמְךָ לֹא קָרָאוּ כִּי אָכַל אֶת יַעֲקֹב וְאֶת נָוֵהוּ הֵשַׁמּוּ שְׁפָךְ-עֲלֵיהֶם זַעְמֶךָ וַחֲרוֹן אַפְּךָ יַשִּׂיגֵם תִּרְדֹּף בְּאַף וְתַשְׁמִידֵם מִתַּחַת שְׁמֵי יְיָ

PRAISE

Fill the fourth cup.

Not for our sake, O Eternal, not for our sake, but unto Thy Name give glory, for the sake of Thy kindness, for the sake of Thy truth. Wherefore should the nations say: Where now is their Almighty God? Whereas our Almighty God is in the Heavens: whatsoever He desireth hath He done! Their idols are silver and gold — the work of the hands of man. A mouth they have, but speak not; eyes they have, but see not; ears they have, but hear not; a nose they have, but smell not; they have hands, but they touch not; they have feet, but they walk not; nor do they give any utterance by their throat. Like them are those that make them, everyone that trusteth in them. O Israel, trust thou in the Eternal — He is their help and their shield. O House of Aaron, trust ye in the Eternal — He is their help and their shield. Ye that fear the Eternal, trust ye in the Eternal — He is their help and their shield.

The Eternal hath even been mindful of us, He will bless us, he will bless the House of Israel, He will bless the House of Aaron. He will bless those that fear the Eternal — the small together with the great. May the Eternal increase you more and more — you and your children. Blessed are ye of the Eternal, Who made Heaven and earth. The Heavens are the Heavens of the Eternal, but the earth hath He given to the children of men. Not the dead can praise the Eternal, nor all those that go down into the silence of death. But as for us — we will bless the Eternal from this time forth and for evermore.

Halleluja!

It is lovely to me that the Eternal heareth my voice, my supplications. For He hath inclined his ear unto me. Therefore throughout all my days will I call on Him. The band of death had compassed me, and the pangs of the nether world had overtaken me: I had met with distress and sorrow. Then I called on the Name of the Eternal: I beseech Thee, O Eternal, release my soul! Gracious is the Eternal and righteous, and our Almighty God is merciful. The Eternal preserveth the sim-

הַלֵּל

מוֹזְגִין כּוֹס רְבִיעִי

לֹא לָנוּ יְיָ לֹא לָנוּ כִּי־לְשִׁמְךָ תֵּן כָּבוֹד
עַל־חַסְדְּךָ עַל־אֲמִתֶּךָ
לָמָּה יֹאמְרוּ הַגּוֹיִם אַיֵּה נָא אֱלֹהֵיהֶם
וֵאלֹהֵינוּ בַשָּׁמָיִם כֹּל אֲשֶׁר חָפֵץ עָשָׂה
עֲצַבֵּיהֶם כֶּסֶף וְזָהָב מַעֲשֵׂה יְדֵי אָדָם
פֶּה לָהֶם וְלֹא יְדַבֵּרוּ עֵינַיִם לָהֶם וְלֹא יִרְאוּ
אָזְנַיִם לָהֶם וְלֹא יִשְׁמָעוּ אַף לָהֶם וְלֹא יְרִיחוּן
יְדֵיהֶם וְלֹא יְמִישׁוּן רַגְלֵיהֶם וְלֹא יְהַלֵּכוּ
לֹא יֶהְגּוּ בִּגְרוֹנָם
כְּמוֹהֶם יִהְיוּ עֹשֵׂיהֶם כֹּל אֲשֶׁר בֹּטֵחַ בָּהֶם
יִשְׂרָאֵל בְּטַח בַּייָ
עֶזְרָם וּמָגִנָּם הוּא
בֵּית אַהֲרֹן בִּטְחוּ בַייָ
עֶזְרָם וּמָגִנָּם הוּא
יִרְאֵי יְיָ בִּטְחוּ בַייָ
עֶזְרָם וּמָגִנָּם הוּא

יְיָ זְכָרָנוּ יְבָרֵךְ יְבָרֵךְ אֶת בֵּית יִשְׂרָאֵל
יְבָרֵךְ אֶת בֵּית אַהֲרֹן
יְבָרֵךְ יִרְאֵי יְיָ הַקְּטַנִּים עִם הַגְּדֹלִים
יֹסֵף יְיָ עֲלֵיכֶם עֲלֵיכֶם וְעַל־בְּנֵיכֶם
בְּרוּכִים אַתֶּם לַייָ עֹשֵׂה שָׁמַיִם וָאָרֶץ
הַשָּׁמַיִם שָׁמַיִם לַייָ וְהָאָרֶץ נָתַן לִבְנֵי אָדָם
לֹא הַמֵּתִים יְהַלְלוּ־יָהּ וְלֹא כָּל יֹרְדֵי דוּמָה
וַאֲנַחְנוּ נְבָרֵךְ יָהּ מֵעַתָּה וְעַד עוֹלָם

הַלְלוּיָהּ

אָהַבְתִּי כִּי יִשְׁמַע יְיָ אֶת־קוֹלִי תַּחֲנוּנָי
כִּי הִטָּה אָזְנוֹ לִי וּבְיָמַי אֶקְרָא
אֲפָפוּנִי חֶבְלֵי מָוֶת וּמְצָרֵי שְׁאוֹל מְצָאוּנִי
צָרָה וְיָגוֹן אֶמְצָא
וּבְשֵׁם יְיָ אֶקְרָא אָנָּא יְיָ מַלְּטָה נַפְשִׁי
חַנּוּן יְיָ וְצַדִּיק וֵאלֹהֵינוּ מְרַחֵם
שֹׁמֵר פְּתָאִים יְיָ דַּלֹּתִי וְלִי יְהוֹשִׁיעַ
שׁוּבִי נַפְשִׁי לִמְנוּחָיְכִי כִּי יְיָ גָּמַל עָלָיְכִי

כִּי חִלַּצְתָּ נַפְשִׁי מִמָּוֶת אֶת עֵינִי מִן דִּמְעָה
אֶת רַגְלִי מִדֶּחִי

אֶתְהַלֵּךְ לִפְנֵי יְיָ בְּאַרְצוֹת הַחַיִּים
הֶאֱמַנְתִּי כִּי אֲדַבֵּר אֲנִי עָנִיתִי מְאֹד
אֲנִי אָמַרְתִּי בְחָפְזִי כָּל הָאָדָם כֹּזֵב

מָה אָשִׁיב לַיָי כָּל תַּגְמוּלוֹהִי עָלָי
כּוֹס יְשׁוּעוֹת אֶשָּׂא וּבְשֵׁם יְיָ אֶקְרָא
נְדָרַי לַיָי אֲשַׁלֵּם נֶגְדָה־נָא לְכָל־עַמּוֹ
יָקָר בְּעֵינֵי יְיָ הַמָּוְתָה לַחֲסִידָיו
אָנָּה יְיָ כִּי־אֲנִי עַבְדֶּךָ אֲנִי עַבְדְּךָ בֶּן־אֲמָתֶךָ
פִּתַּחְתָּ לְמוֹסֵרָי
לְךָ אֶזְבַּח זֶבַח תּוֹדָה וּבְשֵׁם יְיָ אֶקְרָא
נְדָרַי לַיָי אֲשַׁלֵּם נֶגְדָה נָא לְכָל עַמּוֹ
בְּחַצְרוֹת בֵּית יְיָ בְּתוֹכֵכִי יְרוּשָׁלָיִם
הַלְלוּיָהּ

הַלְלוּ אֶת־יְיָ כָּל גּוֹיִם שַׁבְּחוּהוּ כָּל־הָאֻמִּים
כִּי גָבַר עָלֵינוּ חַסְדּוֹ וֶאֱמֶת־יְיָ לְעוֹלָם
הַלְלוּיָהּ

הוֹדוּ לַיָי כִּי טוֹב
כִּי לְעוֹלָם חַסְדּוֹ
יֹאמַר־נָא יִשְׂרָאֵל
כִּי לְעוֹלָם חַסְדּוֹ
יֹאמְרוּ־נָא בֵית אַהֲרֹן
כִּי לְעוֹלָם חַסְדּוֹ
יֹאמְרוּ־נָא יִרְאֵי יְיָ
כִּי לְעוֹלָם חַסְדּוֹ

ple — I was in misery, and He helped me. Return, O my soul, unto thy rest, for the Eternal hath dealt bountifully with thee. For Thou hast delivered my soul from death, my eyes from tears, my feet from falling. I will walk before the Eternal in the land of life. I believe, therefore will I speak, I was greatly afflicted. I indeed said in my despondency: Every man is a liar.

What shall I give in return unto the Eternal for all His bounties toward me? The cup of salvation will I lift up and on the Name of the Eternal will I call. My vows will I pay unto the Eternal, yea, in the presence of all His people. Precious in the eyes of the Eternal is the death of His pious. O Eternal, truly am I Thy servant, I am Thy servant, the son of Thy handmaid — Thou hast loosened my fetters. Unto Thee will I offer the sacrifice of thankgiving and on the Name of the Eternal will I call. My vows will I pay unto the Eternal, yea, in the presence of all His people — in the courts of the House of the Eternal, in Thy midst, o Jerusalem. Hallelujah!

Praise the Eternal, all ye nations, praise Him, all ye peoples — for mighty is His kindness over us, and the truth of the Eternal endureth for ever.

Hallelujah!

O give thanks unto the Eternal, for He is good, because unto eternity endureth His kindness.

So let Israel say: Because unto eternity endureth His kindness. So let the House of Aaron say: Because unto eternity endureth His kindness. So let those who fear the Eternal say: Because unto eternity endureth His kindness.

מִן הַמֵּצַר קָרָאתִי יָּהּ עָנָנִי בַמֶּרְחָב יָהּ
יְיָ לִי לֹא אִירָא מַה יַּעֲשֶׂה לִי אָדָם
יְיָ לִי בְּעֹזְרָי וַאֲנִי אֶרְאֶה בְשֹׂנְאָי
טוֹב לַחֲסוֹת בַּייָ מִבְּטֹחַ בָּאָדָם
טוֹב לַחֲסוֹת בַּייָ מִבְּטֹחַ בִּנְדִיבִים
כָּל־גּוֹיִם סְבָבוּנִי בְּשֵׁם יְיָ כִּי אֲמִילַם
סַבּוּנִי גַם־סְבָבוּנִי בְּשֵׁם יְיָ כִּי אֲמִילַם
סַבּוּנִי כִדְבֹרִים דֹּעֲכוּ כְּאֵשׁ קוֹצִים בְּשֵׁם יְיָ כִּי אֲמִילַם
דַּחֹה דְחִיתַנִי לִנְפֹּל וַייָ עֲזָרָנִי
עָזִּי וְזִמְרָת יָהּ וַיְהִי לִי לִישׁוּעָה
קוֹל רִנָּה וִישׁוּעָה בְּאָהֳלֵי צַדִּיקִים יְמִין יְיָ עֹשָׂה חָיִל
יְמִין יְיָ רוֹמֵמָה יְמִין יְיָ עֹשָׂה חָיִל
לֹא־אָמוּת כִּי אֶחְיֶה וַאֲסַפֵּר מַעֲשֵׂי יָהּ
יַסֹּר יִסְּרַנִּי יָּהּ וְלַמָּוֶת לֹא נְתָנָנִי
פִּתְחוּ־לִי שַׁעֲרֵי צֶדֶק אָבֹא בָם אוֹדֶה יָהּ
זֶה־הַשַּׁעַר לַייָ צַדִּיקִים יָבֹאוּ בוֹ

אוֹדְךָ כִּי עֲנִיתָנִי וַתְּהִי־לִי לִישׁוּעָה
אוֹדְךָ כִּי עֲנִיתָנִי וַתְּהִי־לִי לִישׁוּעָה

אֶבֶן מָאֲסוּ הַבּוֹנִים הָיְתָה לְרֹאשׁ פִּנָּה
אֶבֶן מָאֲסוּ הַבּוֹנִים הָיְתָה לְרֹאשׁ פִּנָּה

מֵאֵת יְיָ הָיְתָה זֹּאת הִיא נִפְלָאת בְּעֵינֵינוּ
מֵאֵת יְיָ הָיְתָה זֹּאת הִיא נִפְלָאת בְּעֵינֵינוּ

זֶה־הַיּוֹם עָשָׂה יְיָ נָגִילָה וְנִשְׂמְחָה בוֹ
זֶה־הַיּוֹם עָשָׂה יְיָ נָגִילָה וְנִשְׂמְחָה בוֹ

From the midst of distress I called on the Eternal. And the Eternal answered me with enlargement. The Eternal is for me — I will not fear: what can a man do unto me? The Eternal is for me among those that help me; therefore shall I indeed look on the punishment of those that hate me. It is better to seek shelter with the Eternal than to trust in man. It is better to seek shelter with the Eternal than to trust in princes. All nations encompassed me about, but in the Name of the Eternal will I surely cut them off. They encompassed me about, yea, they compassed me about, but in the Name of the Eternal will I surely cut them off. They encompassed me about like bees, but they will be quenched like the fire of thorns — in the Name of the Eternal will I surely cut them off. Thou hast thrust violently at me that I might fall, but the Eternal assisted me. My strength and song is the Eternal, and He is become my salvation. The voice of rejoicing and salvation is in the tents of the righteous — the right Hand of the Eternal doth valiantly. The right Hand of the Eternal is exalted, the right Hand of the Eternal doth valiantly. I shall not die, but I shall live and relate the works of the Eternal. Severely hath the Eternal chastised me, but unto death hath He not given me up. Open to me the gates of righteousness — I will enter into them, I will give thanks unto the Eternal. This is the gate which belongeth unto the Eternal — shall the righteous enter thereby.

I will thank Thee, for Thou hast answered me and art become my salvation. I will thank Thee, for Thou hast answered me and art become my salvation.

The stone which the builders rejected is become the chief corner-stone. The stone which the builders rejected is become the chief corner-stone.

From the Eternal is this come to pass — it is marvellous in our eyes. From the Eternal is this come to pass — it is marvellous in our eyes.

This is the day which the Eternal hath made — we will be glad and rejoice thereon. This is the day which the Eternal hath made — we will be glad and rejoice thereon.

We beseech Thee, O Eternal, save us now! We beseech Thee, O Eternal, save us now! We beseech Thee, O Eternal, send us now prosperity! We beseech Thee, O Eternal, send us now prosperity!

Blessed be he who cometh in the Name of the Eternal — we bless you out of the House of the Eternal. Blessed be he who cometh in the Name of the Eternal — we bless you out of the House of the Eternal.

God is the Eternal and He gives us light: bind the festive sacrifice with cords, leading it up to the horns of the altar. God is the Eternal and He gives us light: bind the festive sacrifice with cords, leading it up to the horns of the altar.

Thou art my God, and I will thank Thee, my Almighty God, and I will exalt Thee. Thou art my God, and I will thank Thee, my Almighty God, and I will exalt Thee.

Oh, give thanks unto the Eternal, because to eternity endureth His kindness. Oh, give thanks unto the Eternal, because to eternity endureth His kindness.

O Eternal, our Almighty God, shall all Thy works praise Thee, and all the pious and righteous of Thine, who do Thy will, and the whole of Thy people, the House of Israel, shall jubilantly give thanks to Thee and bless and laud and glorify and exalt and adore and sanctify and sublime Thy Name, O our King, for unto Thee it is good to give thanks and unto Thy name it is meet to chant, because from eternity to eternity art Thou God!

אָנָּא יְיָ הוֹשִׁיעָה נָּא
אָנָּא יְיָ הוֹשִׁיעָה נָּא
אָנָּא יְיָ הַצְלִיחָה נָא
אָנָּא יְיָ הַצְלִיחָה נָא

בָּרוּךְ הַבָּא בְּשֵׁם יְיָ — בֵּרַכְנוּכֶם מִבֵּית יְיָ
בָּרוּךְ הַבָּא בְּשֵׁם יְיָ — בֵּרַכְנוּכֶם מִבֵּית יְיָ

אֵל יְיָ וַיָּאֶר לָנוּ — אִסְרוּ־חַג בַּעֲבֹתִים
עַד קַרְנוֹת הַמִּזְבֵּחַ
אֵל יְיָ וַיָּאֶר לָנוּ — אִסְרוּ־חַג בַּעֲבֹתִים
עַד קַרְנוֹת הַמִּזְבֵּחַ

אֵלִי אַתָּה וְאוֹדֶךָּ — אֱלֹהַי אֲרוֹמְמֶךָּ
אֵלִי אַתָּה וְאוֹדֶךָּ — אֱלֹהַי אֲרוֹמְמֶךָּ
הוֹדוּ לַייָ כִּי־טוֹב — כִּי לְעוֹלָם חַסְדּוֹ
הוֹדוּ לַייָ כִּי־טוֹב — כִּי לְעוֹלָם חַסְדּוֹ

יְהַלְלוּךָ יְיָ אֱלֹהֵינוּ כָּל מַעֲשֶׂיךָ
וַחֲסִידֶיךָ צַדִּיקִים עוֹשֵׂי רְצוֹנֶךָ
וְכָל עַמְּךָ בֵּית יִשְׂרָאֵל
בְּרִנָּה יוֹדוּ וִיבָרְכוּ וִישַׁבְּחוּ
וִיפָאֲרוּ וִירוֹמְמוּ וְיַעֲרִיצוּ
וְיַקְדִּישׁוּ וְיַמְלִיכוּ אֶת שִׁמְךָ מַלְכֵּנוּ
כִּי לְךָ טוֹב לְהוֹדוֹת וּלְשִׁמְךָ נָאֶה לְזַמֵּר
כִּי מֵעוֹלָם וְעַד עוֹלָם אַתָּה אֵל

O GIVE THANKS TO THE ETERNAL FOR HE IS GOOD

O give thanks unto the Eternal, for He is good,
for to eternity endureth His kindness.
O give thanks unto the Almighty God who is above all gods,
for to eternity endureth His kindness.
O give thanks unto the Lord of lords,
for to eternity endureth His kindness.
To Him Who doth great wonders alone,
for to eternity endureth His kindness.
To Him Who made the heavens with understanding,
for to eternity endureth His kindness.
To Him Who stretched out the earth above the waters,
for to eternity endureth His kindness.
To Him Who made great lights,
for to eternity endureth His kindness.
The sun for the rule by day,
for to eternity endureth His kindness.
The moon and stars for the rule by night,
for to eternity endureth His kindness.
To Him Who smote Egypt in their first-born,
for to eternity endureth His kindness.
And brought Israel out from the midst of them,
for to eternity endureth His kindness.
With a .strong hand and with an outstretched arm,
for to eternity endureth His kindness.
To Him Who divided the Red Sea into parts,
for to eternity endureth His kindness.
And caused Israel to pass through the midst of it,
for to eternity endureth His kindness.
But overthrew Pharaoh and his host in the Read Sea,
for to eternity endureth His kindness.
To Him Who lead His people through the wilderness,
for to eternity endureth His kindness.
To Him Who smote great kings,
for to eternity endureth His kindness.
And slew mighty kings,
for to eternity endureth His kindness.
Even Sichon, the king of the Emorites,
for to eternity endureth His kindness.
And Og, the king of Bashan,
for to eternity endureth His kindness.
And gave their land as an inheritance,
for to eternity endureth His kindness.
As an inheritance unto Israel, His servant,
for to eternity endureth His kindness.
Who hath in our low estate remembered us,
for to eternity endureth His kindness.
And hath freed us from our assailants,
for to eternity endureth His kindness.
Who giveth food unto all flesh,
for to eternity endureth His kindness.
O give thanks unto the God of the Heavens,
for to eternity endureth His kindness.

הוֹדוּ לַייָ כִּי טוֹב

הוֹדוּ לַייָ כִּי־טוֹב — כִּי לְעוֹלָם חַסְדּוֹ
הוֹדוּ לֵאלֹהֵי הָאֱלֹהִים — כִּי לְעוֹלָם חַסְדּוֹ
הוֹדוּ לַאֲדֹנֵי הָאֲדֹנִים — כִּי לְעוֹלָם חַסְדּוֹ
לְעֹשֵׂה נִפְלָאוֹת גְּדֹלוֹת לְבַדּוֹ — כִּי לְעוֹלָם חַסְדּוֹ
לְעֹשֵׂה הַשָּׁמַיִם בִּתְבוּנָה — כִּי לְעוֹלָם חַסְדּוֹ
לְרוֹקַע הָאָרֶץ עַל הַמָּיִם — כִּי לְעוֹלָם חַסְדּוֹ
לְעֹשֵׂה אוֹרִים גְּדֹלִים — כִּי לְעוֹלָם חַסְדּוֹ
אֶת הַשֶּׁמֶשׁ לְמֶמְשֶׁלֶת בַּיּוֹם — כִּי לְעוֹלָם חַסְדּוֹ
אֶת הַיָּרֵחַ וְכוֹכָבִים לְמֶמְשְׁלוֹת בַּלָּיְלָה — כִּי לְעוֹלָם חַסְדּוֹ
לְמַכֵּה מִצְרַיִם בִּבְכוֹרֵיהֶם — כִּי לְעוֹלָם חַסְדּוֹ
וַיּוֹצֵא יִשְׂרָאֵל מִתּוֹכָם — כִּי לְעוֹלָם חַסְדּוֹ
בְּיָד חֲזָקָה וּבִזְרוֹעַ נְטוּיָה — כִּי לְעוֹלָם חַסְדּוֹ
לְגֹזֵר יַם סוּף לִגְזָרִים — כִּי לְעוֹלָם חַסְדּוֹ
וְהֶעֱבִיר יִשְׂרָאֵל בְּתוֹכוֹ — כִּי לְעוֹלָם חַסְדּוֹ
וְנִעֵר פַּרְעֹה וְחֵילוֹ בְיַם סוּף — כִּי לְעוֹלָם חַסְדּוֹ
לְמוֹלִיךְ עַמּוֹ בַּמִּדְבָּר — כִּי לְעוֹלָם חַסְדּוֹ
לְמַכֵּה מְלָכִים גְּדֹלִים — כִּי לְעוֹלָם חַסְדּוֹ
וַיַּהֲרֹג מְלָכִים אַדִּירִים — כִּי לְעוֹלָם חַסְדּוֹ
לְסִיחוֹן מֶלֶךְ הָאֱמֹרִי — כִּי לְעוֹלָם חַסְדּוֹ
וּלְעוֹג מֶלֶךְ הַבָּשָׁן — כִּי לְעוֹלָם חַסְדּוֹ
וְנָתַן אַרְצָם לְנַחֲלָה — כִּי לְעוֹלָם חַסְדּוֹ
נַחֲלָה לְיִשְׂרָאֵל עַבְדּוֹ — כִּי לְעוֹלָם חַסְדּוֹ
שֶׁבְּשִׁפְלֵנוּ זָכַר לָנוּ — כִּי לְעוֹלָם חַסְדּוֹ
וַיִּפְרְקֵנוּ מִצָּרֵינוּ — כִּי לְעוֹלָם חַסְדּוֹ
נֹתֵן לֶחֶם לְכָל בָּשָׂר — כִּי לְעוֹלָם חַסְדּוֹ
הוֹדוּ לְאֵל הַשָּׁמָיִם — כִּי לְעוֹלָם חַסְדּוֹ

The soul of every living thing shall bless Thy name, O Eternal, our Almighty God,

and the spirit of all flesh shall constantly glorify and exalt thy remembrance, O our King! From everlasting unto everlasting art Thou God, and beside Thee we have no king, who redeems and saves, rescues and delivers and maintaines and has compassion in all times of trouble and distress. We have no king but Thee — the Almighty God of the first and of the last beings, the Almighty God of all the creatures, Lord of all the begotten beings, Who is praised by plenty of lauds, who guides His world with benevolence and his creatures with compassion. And the Eternal neither doth He slumber nor doth He sleep. It is He Who wakes the sleepers, He Who rouses the dormants, and it is He Who grants speech to the dumb, He Who releases the bound, He Who sustains the falling, He Who erects the bowed. Only to Thee do we give thanks! Even if our mouths were full of song like the sea, and our tongues full of carol like the roaring of its waves, and our lips full of lauds like the expanse of the sky, and even if our eyes were bright like the sun and the moon, and our hands spread out like the eagles of the heaven, and our feet as light as those of the does

נִשְׁמַת כָּל חַי תְּבָרֵךְ
אֶת שִׁמְךָ יְיָ אֱלֹהֵינוּ

וְרוּחַ כָּל בָּשָׂר תְּפָאֵר וּתְרוֹמֵם זִכְרְךָ מַלְכֵּנוּ תָּמִיד
מִן הָעוֹלָם וְעַד הָעוֹלָם אַתָּה אֵל
וּמִבַּלְעָדֶיךָ אֵין לָנוּ מֶלֶךְ
גּוֹאֵל וּמוֹשִׁיעַ פּוֹדֶה וּמַצִּיל וּמְפַרְנֵס וּמְרַחֵם
בְּכָל עֵת צָרָה וְצוּקָה אֵין לָנוּ מֶלֶךְ אֶלָּא אָתָּה
אֱלֹהֵי הָרִאשׁוֹנִים וְהָאַחֲרוֹנִים אֱלוֹהַּ כָּל בְּרִיּוֹת
אֲדוֹן כָּל תּוֹלָדוֹת הַמְּהֻלָּל בְּרֹב הַתִּשְׁבָּחוֹת
הַמְנַהֵג עוֹלָמוֹ בְּחֶסֶד וּבְרִיּוֹתָיו בְּרַחֲמִים
וַייָ לֹא יָנוּם וְלֹא יִישָׁן
הַמְעוֹרֵר יְשֵׁנִים וְהַמֵּקִיץ נִרְדָּמִים וְהַמֵּשִׂיחַ אִלְּמִים
וְהַמַּתִּיר אֲסוּרִים וְהַסּוֹמֵךְ נוֹפְלִים וְהַזּוֹקֵף כְּפוּפִים
לְךָ לְבַדְּךָ אֲנַחְנוּ מוֹדִים
אִלּוּ פִינוּ מָלֵא שִׁירָה כַּיָּם
וּלְשׁוֹנֵנוּ רִנָּה כַּהֲמוֹן גַּלָּיו
וְשִׂפְתוֹתֵינוּ שֶׁבַח כְּמֶרְחֲבֵי רָקִיעַ
וְעֵינֵינוּ מְאִירוֹת כַּשֶּׁמֶשׁ וְכַיָּרֵחַ
וְיָדֵינוּ פְרוּשׂוֹת כְּנִשְׁרֵי שָׁמָיִם
וְרַגְלֵינוּ קַלּוֹת כָּאַיָּלוֹת
אֵין אֲנַחְנוּ מַסְפִּיקִים לְהוֹדוֹת לְךָ
יְיָ אֱלֹהֵינוּ וֵאלֹהֵי אֲבוֹתֵינוּ
וּלְבָרֵךְ אֶת שְׁמֶךָ עַל אַחַת מֵאָלֶף אֶלֶף אַלְפֵי אֲלָפִים
וְרִבֵּי רְבָבוֹת פְּעָמִים
הַטּוֹבוֹת שֶׁעָשִׂיתָ עִם אֲבוֹתֵינוּ וְעִמָּנוּ
מִמִּצְרַיִם גְּאַלְתָּנוּ יְיָ אֱלֹהֵינוּ וּמִבֵּית עֲבָדִים פְּדִיתָנוּ
בְּרָעָב זַנְתָּנוּ וּבְשָׂבָע כִּלְכַּלְתָּנוּ
מֵחֶרֶב הִצַּלְתָּנוּ וּמִדֶּבֶר מִלַּטְתָּנוּ

וּמֵחֳלָיִים רָעִים וְנֶאֱמָנִים דִּלִּיתָנוּ
עַד הֵנָּה עֲזָרוּנוּ רַחֲמֶיךָ וְלֹא עֲזָבוּנוּ חֲסָדֶיךָ
וְאַל תִּטְּשֵׁנוּ יְיָ אֱלֹהֵינוּ לָנֶצַח

עַל כֵּן אֵבָרִים שֶׁפִּלַּגְתָּ בָּנוּ וְרוּחַ וּנְשָׁמָה שֶׁנָּפַחְתָּ בְּאַפֵּנוּ
וְלָשׁוֹן אֲשֶׁר שַׂמְתָּ בְּפִינוּ
הֵן הֵם יוֹדוּ וִיבָרְכוּ וִישַׁבְּחוּ וִיפָאֲרוּ
וִירוֹמְמוּ וְיַעֲרִיצוּ וְיַקְדִּישׁוּ וְיַמְלִיכוּ אֶת שִׁמְךָ מַלְכֵּנוּ
כִּי כָל פֶּה לְךָ יוֹדֶה וְכָל לָשׁוֹן לְךָ תִשָּׁבַע
וְכָל בֶּרֶךְ לְךָ תִכְרַע וְכָל קוֹמָה לְפָנֶיךָ תִשְׁתַּחֲוֶה
וְכָל לְבָבוֹת יִירָאוּךָ וְכָל קֶרֶב וּכְלָיוֹת יְזַמְּרוּ לִשְׁמֶךָ
כַּדָּבָר שֶׁכָּתוּב
כָּל עַצְמֹתַי תֹּאמַרְנָה יְיָ מִי כָמוֹךָ
מַצִּיל עָנִי מֵחָזָק מִמֶּנּוּ וְעָנִי וְאֶבְיוֹן מִגֹּזְלוֹ

מִי יִדְמֶה־לָּךְ וּמִי יִשְׁוֶה־לָּךְ וּמִי יַעֲרָךְ־לָךְ
הָאֵל הַגָּדוֹל הַגִּבּוֹר וְהַנּוֹרָא
אֵל עֶלְיוֹן קֹנֵה שָׁמַיִם וָאָרֶץ
נְהַלֶּלְךָ וּנְשַׁבֵּחֲךָ וּנְפָאֶרְךָ וּנְבָרֵךְ אֶת שֵׁם קָדְשֶׁךָ
כָּאָמוּר
לְדָוִד בָּרְכִי נַפְשִׁי אֶת יְיָ וְכָל קְרָבַי אֶת שֵׁם קָדְשׁוֹ

הָאֵל בְּתַעֲצֻמוֹת עֻזֶּךָ, הַגָּדוֹל בִּכְבוֹד שְׁמֶךָ
הַגִּבּוֹר לָנֶצַח וְהַנּוֹרָא בְּנוֹרְאוֹתֶיךָ
הַמֶּלֶךְ הַיּוֹשֵׁב עַל כִּסֵּא רָם וְנִשָּׂא

— still we would not be sufficient to thank Thee, O Eternal, our Almighty God and Almighty God of our ancestors, and to bless your Name for even one of the thousands and myriads and millions and milliards of benefits, which Thou bestowedst upon our ancestors and upon us. From Egypt didst Thou redeem us, O Eternal, our Almighty God, and from the house of slavery didst Thou deliver us; in famine didst Thou feed us and with sating food didst Thou support us; and from the sword didst Thou rescue us, and from the pestilence didst Thou save us, and from evil and lasting diseases didst Thou relieve us. Until now did Thy mercy help us and Thy graces have not forsaken us. So, O Eternal, our Almighty, abandon us not for ever! Therefore the members which Thou apportionedst within us, and the spirit and the soul which Thou breathedst into our nostrils, and the tongue which Thou puttest into our mouth — it is they that shall thank and bless and laud and glorify and exalt and adore and sanctify and sublime Thy Name, O our King, because every mouth shall give thanks to Thee, and every tongue shall swear unto Thee, and every knee shall bend before Thee, and every upright-standing shall bow down before Thee, and all hearts shall fear Thee, and all inward parts and reins shall chant unto Thy Name — as it is written: "All my bones will say: O Eternal, who is like unto Thee — Who deliverest the poor from him that is too strong for him, yea, the poor and the needy from him that robbeth him?" Who is like Thee and who is equal to Thee and who can be compared to Thee — O Great, Mighty and Awesome God, the Most High God, the Possessor of heaven and earth? We shall praise Thee and laud Thee and glorify Thee and bless Thy holy Name — as it is said: "Of David: — Bless, O my soul, the Eternal, and all that is within me — His holy Name".

O God, Almighty in the infiniteness of Thy power, Great in the glory of Thy Name, Mighty in eternity and Fear-inspiring through Thy awesome deeds, O King, Who sits upon a supreme and exalted throne —

The Infinite Who inhabits eternity exalted and holy is His Name.

And it is written: "Be joyful, O ye righteous, in the Eternal, for unto the righteous is praise comely". By the mouth of the upright shalt Thou be praised, and through the words of the righteous shalt Thou be blessed, and by the tongue of the pious shalt Thou be glorified, and in the midst of the holy shalt Thou be sanctified.

And in the assemblies of the myriads of Thy people, the House of Israel, shall Thy Name, O our King, be jubilantly glorified in every generation, because it is the duty of all creatures in thy presence, O Eternal, our Almighty God and Almighty God of our ancestors, to give thanks, to praise, to laud, to glorify, to exalt, to magnify, to bless, to extol and to revere — with all the words of the chants and of the lauds of David, the son of Jesse, Thy servant, Thine Anointed.

Praised be Thy name for aye, O our King, O God, O Great and Holy King in Heaven and on earth, for unto Thee, O Eternal, our Almighty God and Almighty God of our ancestors, beseem chant and laud, praise and song, power and dominion, victory, greatness and strength, fame and glory, holiness and kingship, blessings and thankgivings henceforth and unto eternity. Blessed art Thou, O Eternal, O God and King, Great in lauds, O God of the thankgivings, O Lord of the wonders, Who takes pleasure in chants and songs, O King, O God, He Who lives at all times.

I am hereby ready and willing to fulfil the commandment of the fourth cup of wine regarding the tiding of the redemption, that the Holy One, blessed be He, said to Israel: "And I will take you to me for a people and I will be to you for a God".

Blessed art Thou, O Eternal, our Almighty God, King of the universe, Creator of the fruit of the vine.

And drink reclining on the left side.

שׁוֹכֵן עַד מָרוֹם וְקָדוֹשׁ שְׁמוֹ
וְכָתוּב רַנְּנוּ צַדִּיקִים בַּייָ לַיְשָׁרִים נָאוָה תְהִלָּה
בְּפִי יְשָׁרִים תִּתְהַלָּל וּבְדִבְרֵי צַדִּיקִים תִּתְבָּרַךְ
וּבִלְשׁוֹן חֲסִידִים תִּתְרוֹמָם וּבְקֶרֶב קְדוֹשִׁים תִּתְקַדָּשׁ

וּבְמַקְהֲלוֹת רִבְבוֹת עַמְּךָ בֵּית יִשְׂרָאֵל
בְּרִנָּה יִתְפָּאַר שִׁמְךָ מַלְכֵּנוּ בְּכָל דּוֹר וָדוֹר
שֶׁכֵּן חוֹבַת כָּל הַיְצוּרִים לְפָנֶיךָ יְיָ אֱלֹהֵינוּ וֵאלֹהֵי אֲבוֹתֵינוּ
לְהוֹדוֹת לְהַלֵּל לְשַׁבֵּחַ לְפָאֵר
לְרוֹמֵם לְהַדֵּר לְבָרֵךְ לְעַלֵּה וּלְקַלֵּס
עַל כָּל דִּבְרֵי שִׁירוֹת וְתִשְׁבְּחוֹת דָּוִד בֶּן יִשַׁי עַבְדְּךָ מְשִׁיחֶךָ

יִשְׁתַּבַּח שִׁמְךָ לָעַד מַלְכֵּנוּ
הָאֵל הַמֶּלֶךְ הַגָּדוֹל וְהַקָּדוֹשׁ בַּשָּׁמַיִם וּבָאָרֶץ
כִּי לְךָ נָאֶה יְיָ אֱלֹהֵינוּ וֵאלֹהֵי אֲבוֹתֵינוּ
שִׁיר וּשְׁבָחָה הַלֵּל וְזִמְרָה
עֹז וּמֶמְשָׁלָה נֶצַח גְּדֻלָּה וּגְבוּרָה
תְּהִלָּה וְתִפְאֶרֶת קְדֻשָּׁה וּמַלְכוּת בְּרָכוֹת וְהוֹדָאוֹת
מֵעַתָּה וְעַד עוֹלָם
בָּרוּךְ אַתָּה יְיָ, אֵל מֶלֶךְ גָּדוֹל בַּתִּשְׁבָּחוֹת
אֵל הַהוֹדָאוֹת אֲדוֹן הַנִּפְלָאוֹת
הַבּוֹחֵר בְּשִׁירֵי זִמְרָה מֶלֶךְ אֵל חֵי הָעוֹלָמִים

הִנְנִי מוּכָן וּמְזֻמָּן לְקַיֵּם מִצְוַת כּוֹס רְבִיעִי
שֶׁהוּא כְּנֶגֶד בְּשׂוֹרַת הַיְשׁוּעָה,
שֶׁאָמַר הַקָּדוֹשׁ בָּרוּךְ הוּא לְיִשְׂרָאֵל
וְלָקַחְתִּי אֶתְכֶם לִי לְעָם וְהָיִיתִי לָכֶם לֵאלֹהִים

בָּרוּךְ אַתָּה יְיָ, אֱלֹהֵינוּ מֶלֶךְ הָעוֹלָם,
בּוֹרֵא פְּרִי הַגָּפֶן

וְשׁוֹתֶה בְּהַסִבַּת שְׂמֹאל

Blessed art Thou, O Eternal, our Almighty God, King of the universe, for the vine and for the fruit of the vine and for the produce of the field and for the desirable, good and spacious land, which Thou wast pleased to give it unto our ancestors as a heritage, that we might eat of its fruits and be satisfied with its goodness. Have compassion, O Eternal, our Almighty God, upon Israel, Thy People, and upon Jerusalem, Thy City, and upon Zion, the Abode of thy glory, and upon Thine Altar and upon Thy Temple. And rebuilt Jerusalem, the Holy City, speedily in our days, and lead us up therein and make us rejoice in its rebuilding; and may we eat of its fruits and be satisfied with its goodness, and we will bless Thee therefor in holiness and in purity. (*[On Sabbath say:]* And be pleased to strengthen us on this Sabbath-day) and gladden us on this day of the feast of the unleavened cakes, because Thou, O Eternal, art good and good-doing to all. Therefore we will give thanks unto Thee for the land and for the fruit of the vine. Blessed art Thou, O Eternal, for the land and for the fruit of the vine.

בָּרוּךְ אַתָּה יְיָ, אֱלֹהֵינוּ מֶלֶךְ הָעוֹלָם,
עַל הַגֶּפֶן וְעַל פְּרִי הַגֶּפֶן וְעַל תְּנוּבַת הַשָּׂדֶה
וְעַל אֶרֶץ חֶמְדָּה טוֹבָה וּרְחָבָה
שֶׁרָצִיתָ וְהִנְחַלְתָּ לַאֲבוֹתֵינוּ
לֶאֱכֹל מִפִּרְיָהּ
וְלִשְׂבֹּעַ
מִטּוּבָהּ
רַחֶם־נָא יְיָ אֱלֹהֵינוּ עַל יִשְׂרָאֵל עַמֶּךָ וְעַל יְרוּשָׁלַיִם עִירֶךָ
וְעַל צִיּוֹן מִשְׁכַּן כְּבוֹדֶךָ וְעַל מִזְבְּחֶךָ וְעַל הֵיכָלֶךָ
וּבְנֵה יְרוּשָׁלַיִם עִיר הַקֹּדֶשׁ בִּמְהֵרָה בְיָמֵינוּ וְהַעֲלֵנוּ
לְתוֹכָהּ וְשַׂמְּחֵנוּ בְּבִנְיָנָהּ וְנֹאכַל מִפִּרְיָהּ וְנִשְׂבַּע מִטּוּבָהּ
וּנְבָרֶכְךָ עָלֶיהָ בִּקְדֻשָּׁה וּבְטָהֳרָה בְּשַׁבָּת וּרְצֵה וְהַחֲלִיצֵנוּ בְּיוֹם
הַשַּׁבָּת הַזֶּה וְשַׂמְּחֵנוּ בְּיוֹם חַג הַמַּצּוֹת הַזֶּה כִּי אַתָּה יְיָ
טוֹב וּמֵטִיב לַכֹּל וְנוֹדֶה לְּךָ עַל הָאָרֶץ וְעַל פְּרִי הַגָּפֶן
בָּרוּךְ אַתָּה יְיָ, עַל הָאָרֶץ וְעַל פְּרִי הַגָּפֶן

ACCEPTANCE OF THE SERVICE BY GOD

The Passover-night-service has now come unto its close —
according to all its precepts, all its customs and laws.
Just as we have been worthy to perform it this night —
may we also in future be worthy to do it aright.
O Holy Dweller in endless elevation!
Raise up the assemblies of thy countless congregation!
Bring soon the offshoots of Thy plantation up to Zion in rescue-jubilation!

נִרְצָה

חֲסַל סִדּוּר פֶּסַח כְּהִלְכָתוֹ
כְּכָל מִשְׁפָּטוֹ וְחֻקָּתוֹ
כַּאֲשֶׁר זָכִינוּ לְסַדֵּר אוֹתוֹ
כֵּן נִזְכֶּה לַעֲשׂוֹתוֹ
זָךְ שׁוֹכֵן מְעוֹנָה
קוֹמֵם קְהַל עֲדַת מִי מָנָה
בְּקָרוֹב נַהֵל נִטְעֵי כַנָּה
פְּדוּיִים לְצִיּוֹן בְּרִנָּה

NEXT YEAR
IN REBUILT JERUSALEM!

לַשָּׁנָה הַבָּאָה
בִּירוּשָׁלַיִם הַבְּנוּיָה

AND THUS IT CAME TO PASS AT MIDNIGHT

At this very time didst Thou work most of the wonders which Thou didst by **night.**

By the space of this very one, at the beginning of the watch in the middle of the **night.**

Convert Abraham, the righteous, madest Thou win the four-kings-war when he divided his battle-band by **night.**

And thus it came to pass at midnight.

Dream of threat with death to Abimelech, the king of Gerar, didst Thou bring by **night.**

Even Laban the Aramean didst Thou frighten for the sake of Jacob in the yester-**night.**

Fought and strove against an angel and overcame him Israel at **night.**

וּבְכֵן וַיְהִי בַּחֲצִי הַלַּיְלָה

אָז רֹב נִסִּים הִפְלֵאתָ בַּלַּיְלָה
בְּרֹאשׁ אַשְׁמֹרֶת זֶה הַלַּיְלָה
גֵּר צֶדֶק נִצַּחְתּוֹ כְּנֶחֱלַק לוֹ לַיְלָה
וַיְהִי בַּחֲצִי הַלַּיְלָה

דַּנְתָּ מֶלֶךְ גְּרָר בַּחֲלוֹם הַלַּיְלָה
הִפְחַדְתָּ אֲרַמִּי בְּאֶמֶשׁ לַיְלָה
וַיָּשַׂר יִשְׂרָאֵל לְמַלְאָךְ וַיּוּכַל לוֹ לַיְלָה
וַיְהִי בַּחֲצִי הַלַּיְלָה

זֶרַע בְּכוֹרֵי פַתְרוֹס מָחַצְתָּ בַּחֲצִי הַלַּיְלָה
חֵילָם לֹא מָצְאוּ בְּקוּמָם בַּלַּיְלָה
טִיסַת נְגִיד חֲרֹשֶׁת סִלִּיתָ בְּכוֹכְבֵי לַיְלָה
וַיְהִי בַּחֲצִי הַלַּיְלָה

יָעַץ מְחָרֵף לְנוֹפֵף אִוּוּי הוֹבַשְׁתָּ פְגָרָיו בַּלַּיְלָה
כָּרַע בֵּל וּמַצָּבוֹ בְּאִישׁוֹן לַיְלָה
לְאִישׁ חֲמוּדוֹת נִגְלָה רָז חֲזוּת לַיְלָה
וַיְהִי בַּחֲצִי הַלַּיְלָה

מִשְׁתַּכֵּר בִּכְלֵי קֹדֶשׁ נֶהֱרַג בּוֹ בַּלַּיְלָה
נוֹשַׁע מִבּוֹר אֲרָיוֹת פּוֹתֵר בִּעֲתוּתֵי לַיְלָה
שִׂנְאָה נָטַר אֲגָגִי וְכָתַב סְפָרִים בַּלַּיְלָה
וַיְהִי בַּחֲצִי הַלַּיְלָה:

עוֹרַרְתָּ נִצְחֲךָ עָלָיו בְּנֶדֶד שְׁנַת לַיְלָה
פּוּרָה תִדְרֹךְ לְשׁוֹמֵר מַה מִלַּיְלָה
צָרַח כַּשּׁוֹמֵר וְשָׂח אָתָא בֹקֶר וְגַם לַיְלָה
וַיְהִי בַּחֲצִי הַלַּיְלָה

קָרֵב יוֹם אֲשֶׁר הוּא לֹא יוֹם וְלֹא לַיְלָה
רָם הוֹדַע כִּי לְךָ הַיּוֹם אַף לְךָ הַלַּיְלָה
שׁוֹמְרִים הַפְקֵד לְעִירְךָ כָּל הַיּוֹם וְכָל הַלַּיְלָה
תָּאִיר כְּאוֹר יוֹם חֶשְׁכַת לַיְלָה
וַיְהִי בַּחֲצִי הַלַּיְלָה

And thus it came to pass at midnight.

Given hast Thou to the Egyptians a terrible stroke by crushing all their first-born in the middle of the

night.

Havings and belongings they did not find when they got up at

night.

In the battle against Sissera, the ruler of Charosheth, didst Thou overwhelm his flying army by the stars of the

night.

And thus it came to pass at midnight.

Jerusalem and the precious Temple plotted Sennacherib the blasphemer with outstretched arm to destroy, but his plan didst Thou thwart by turning his army into stiff corpses through thy angel at

night.

Knocked down together with its pedestal was the idol Bel in the depth of the

night.

Lovely man, the prophet Daniel, was revealed the secret of the vision of the

night.

And thus it came to pass at midnight.

Monarch Belshazzar, who drank from the holy chalices to drunkenness, was killed in this very

night.

Nebuchadnezzar's dream-interpreter was rescued from the lions' den — it's Daniel, who read the king's terrific vision of the

night.

Object of extreme disgust were the Jews for Haman the Agagite, and thus he wrote letters with the order to wipe them out by

night.

And thus it came to pass at midnight.

Predominating was Thy thought, that thou awokest upon him by withholding sleep from the eyes of king Achashverosh by

night.

Quite like treading the grapes in the vat tread down our foe, and may it be Thine answer to the prophet's question: — O Watch, at which point are we of the exile.

night.?

Roaring like a watchman shalt Thou say then unto him: — Lo, the morning cometh and also the

night.!

And thus it came to pass at midnight.

Soon speed up the coming of that day which is neither day nor

night.

That Thine is the day, show us, O Most High, and that thine is also the

night.

Unto Jerusalem, Thy City, appoint guardians to watch by day and by

night.

Vivify our hearts by illumining as with day-light the darkness of the exile-

night.

And thus it came to pass at midnight.

וּבְכֵן וַאֲמַרְתֶּם זֶבַח פֶּסַח

אֹמֶץ גְּבוּרוֹתֶיךָ הִפְלֵאתָ בַּפֶּסַח
בְּרֹאשׁ כָּל מוֹעֲדוֹת נִשֵּׂאתָ פֶּסַח
גִּלִּיתָ לְאֶזְרָחִי חֲצוֹת לֵיל פֶּסַח
וַאֲמַרְתֶּם זֶבַח פֶּסַח

דְּלָתָיו דָּפַקְתָּ כְּחֹם הַיּוֹם בַּפֶּסַח
הִסְעִיד נוֹצְצִים עֻגוֹת מַצּוֹת בַּפֶּסַח
וְאֶל הַבָּקָר רָץ זֵכֶר לְשׁוֹר עֵרֶךְ פֶּסַח
וַאֲמַרְתֶּם זֶבַח פֶּסַח

זֹעֲמוּ סְדוֹמִים וְלֹהֲטוּ בָּאֵשׁ בַּפֶּסַח
חֻלַּץ לוֹט מֵהֶם וּמַצּוֹת אָפָה בְּקֵץ פֶּסַח
טִאטֵאתָ אַדְמַת מֹף וְנֹף בְּעָבְרְךָ בַּפֶּסַח
וַאֲמַרְתֶּם זֶבַח פֶּסַח

יָהּ רֹאשׁ כָּל אוֹן מָחַצְתָּ בְּלֵיל שִׁמּוּר פֶּסַח
כַּבִּיר עַל בֵּן בְּכוֹר פָּסַחְתָּ בְּדַם פֶּסַח
לְבִלְתִּי תֵּת מַשְׁחִית לָבֹא בִּפְתָחַי בַּפֶּסַח
וַאֲמַרְתֶּם זֶבַח פֶּסַח

מְסֻגֶּרֶת סֻגָּרָה בְּעִתּוֹתֵי פֶּסַח
נִשְׁמְדָה מִדְיָן בִּצְלִיל שְׂעוֹרֵי עֹמֶר פֶּסַח
שֹׂרְפוּ מִשְׁמַנֵּי פּוּל וְלוּד בִּיקַד יְקוֹד פֶּסַח
וַאֲמַרְתֶּם זֶבַח פֶּסַח

עוֹד הַיּוֹם בְּנֹב לַעֲמֹד עַד גָּעָה עוֹנַת פֶּסַח
פַּס יַד כָּתְבָה לְקַעֲקֵעַ צוּל בַּפֶּסַח
צָפֹה הַצָּפִית עָרוֹךְ הַשֻּׁלְחָן בַּפֶּסַח
וַאֲמַרְתֶּם זֶבַח פֶּסַח

קָהָל כִּנְּסָה הֲדַסָּה לְשַׁלֵּשׁ צוֹם בַּפֶּסַח
רֹאשׁ מִבֵּית רָשָׁע מָחַצְתָּ בְּעֵץ חֲמִשִּׁים בַּפֶּסַח
שְׁתֵּי אֵלֶּה רֶגַע תָּבִיא לְעוּצִית בַּפֶּסַח
תָּעֹז יָדְךָ תָּרוּם יְמִינְךָ כְּלֵיל הִתְקַדֵּשׁ חַג פֶּסַח
וַאֲמַרְתֶּם זֶבַח פֶּסַח

On the second Passover-festival-night one says the following:

"And ye shall say: This is the sacrifice of the Passover".

And the overpoweringness of Thy mighty deeds didst Thou wonderfully show on the feast of **Passover.**

Before all other festivals and elevated above them didst Thou set the feast of **Passover.**

Coming events didst thou reveal to Abraham, the Oriental — which shall happen in the middle of the night of **Passover.**

And ye shall say: This is the sacrifice of the Passover.

Diseased Abraham didst Thou visit, while he was sitting at the door of his tent at the height of the heat of the day of **Passover.**

Entertain did he the sparkling angels with unleavened cakes on **Passover.**

Fast did he run unto the cattle to get an ox prepared — in foresight of the ox of the future festival sacrifice on **Passover.**

And ye shall say: This is the sacrifice of the Passover.

Godless Sodom's people incurred the rage of God and were burnt down by fire on **Passover.**

Hospitable Lot only was delivered from their midst by the Angels, for whom he baked unleavened cakes at the end of **Passover.**

In Thy passing through Moph and Noph in Egypt were they swept away in the night of **Passover.**

And ye shall say: This is the sacrifice of the Passover.

Jah! Every first-born of the Egyptians didst Thou crush in the watching-night of **Passover.**

King Almighty! But Thy own first-born didst Thou spare by passing over them at the sight of the sacrifice-blood of **Passover.**

Lintels and jambs of our doors were marked therewith, so that the destroyer could not enter our houses at the midnight of **Passover.**

And ye shall say: This is the sacrifice of the Passover.

Mightily fortified Jericho was surrendered at the time of **Passover.**

Nullified was Midian by Gid'on in virtue of the roasted barley-cake of the Omer which he brought for the wave-offering of **Passover.**

Overmatches of Pul and Lud in Sennacherib's army were burnt in the fire that the Angel Gabriel fired them on
Passover.

And ye shall say: This is the sacrifice of the Passover.

Proclaimed Sennacherib and said: – To-day we'll still be in Nob, but to-morrow – in Jerusalem! – and he waited till the festal time of
Passover.

Quelled shall be the reign of Zul-Babylon – wrote on the wall to Belshazzar the palm of a hand on
Passover.

Royal table while being laid were the watchmen, for fear of Persian-Median troops' approaching, keeping guard on
Passover.

And ye shall say: This is the sacrifice of the Passover.

Sorrowful Esther-Hadassah assembled the whole congregation for a three-days-fast on the festal days of
Passover.

The master of the wicked house, Haman, then didst thou kill by hanging on a fifty-cubits-high tree on
Passover.

Unfortunate shalt Thou make the people of Uzith-Aram by bringing all at once these two calamities, children-loss and widowhood, upon it on
Passover.

Victorious will then be thy hand and Thy right hand will then be exalted as on the night whereon was sanctified the feast of
Passover.

And ye shall say: This is the sacrifice of the Passover.

BECAUSE FOR HIM IT IS SEEMLY, FOR HIM IT IS MEET

All-powerful is He in kingship,

Best-chosen is He duly!

Constantly shall His Corps of Angels say to Him:

Thine, yea, Thine; Thine, really Thine; Thine, surely Thine; Thine, O Eternal, is the kingdom!

Distinguished is He in kingship,

Eminent is He duly!

For ever shall His earliest Heaven-beings say to Him:

Thine, yea, Thine; Thine, really Thine; Thine, surely Thine; Thine, O Eternal, is the kingdom!

Greatly Pure is He in kingship,

Highly Mighty is He duly!

Incessantly shall His Heaven-scribes say to Him:

Thine, yea, Thine; Thine, really Thine; Thine, surely Thine; Thine, O Eternal, is the kingdom!

כִּי לוֹ נָאֶה כִּי לוֹ יָאֶה

אַדִּיר בִּמְלוּכָה
בָּחוּר כַּהֲלָכָה
גְּדוּדָיו יֹאמְרוּ לוֹ
לְךָ וּלְךָ לְךָ כִּי לְךָ לְךָ אַף לְךָ לְךָ יְיָ הַמַּמְלָכָה
כִּי לוֹ נָאֶה כִּי לוֹ יָאֶה

דָּגוּל בִּמְלוּכָה
הָדוּר כַּהֲלָכָה
וָתִיקָיו יֹאמְרוּ לוֹ
לְךָ וּלְךָ לְךָ כִּי לְךָ לְךָ אַף לְךָ לְךָ יְיָ הַמַּמְלָכָה
כִּי לוֹ נָאֶה כִּי לוֹ יָאֶה

זַכַּאי בִּמְלוּכָה
חָסִין כַּהֲלָכָה
טַפְסְרָיו יֹאמְרוּ לוֹ
לְךָ וּלְךָ לְךָ כִּי לְךָ לְךָ אַף לְךָ לְךָ יְיָ הַמַּמְלָכָה
כִּי לוֹ נָאֶה כִּי לוֹ יָאֶה

Justly Sole is He in kingship,
Kingly Puissant is He duly!
Largely shall His Wisdom-angels praise and say to Him:
Thine, yea, Thine; Thine, really Thine; Thine, surely Thine; Thine, O Eternal, is the kingdom!

Masterful is He in kingship,
None is like Him — so Awe-inspiring duly!
Overpraise Him shall His surrounding Angels and say to Him:
Thine, yea, Thine; Thine, really Thine; Thine, surely Thine; Thine, O Eternal, is the kingdom!

Properly Humble is He in kingship,
Quick in redeeming is He duly!
Rightly shall His righteous Angels say to Him:
Thine, yea, Thine; Thine, really Thine; Thine, surely Thine; Thine, O Eternal, is the kingdom!

Saint is He in kingship,
Tender and Merciful is He duly!
Unto eternity shall the myriads of His Angels say to Him:
Thine, yea, Thine; Thine, really Thine; Thine, surely Thine; Thine, O Eternal, is the kingdom!

Vigorously Potent is He in kingship,
World-sustainer is He duly!
Yea, His godly Angels shall say to Him:
Thine, yea, Thine; Thine, really Thine; Thine, surely Thine; Thine, O Eternal, is the kingdom!

יָחִיד בִּמְלוּכָה
כַּבִּיר כַּהֲלָכָה
לִמּוּדָיו יֹאמְרוּ לוֹ
לְךָ וּלְךָ, לְךָ כִּי לְךָ לְךָ אַף לְךָ לְךָ יְיָ הַמַּמְלָכָה
כִּי לוֹ נָאֶה כִּי לוֹ יָאֶה

מוֹשֵׁל בִּמְלוּכָה
נוֹרָא כַּהֲלָכָה
סְבִיבָיו יֹאמְרוּ לוֹ
לְךָ וּלְךָ לְךָ כִּי לְךָ לְךָ אַף לְךָ לְךָ יְיָ הַמַּמְלָכָה
כִּי לוֹ נָאֶה כִּי לוֹ יָאֶה

עָנָו בִּמְלוּכָה
פּוֹדֶה כַּהֲלָכָה
צַדִּיקָיו יֹאמְרוּ לוֹ
לְךָ וּלְךָ לְךָ כִּי לְךָ לְךָ אַף לְךָ לְךָ יְיָ הַמַּמְלָכָה
כִּי לוֹ נָאֶה כִּי לוֹ יָאֶה

קָדוֹשׁ בִּמְלוּכָה
רַחוּם כַּהֲלָכָה
שִׁנְאַנָּיו יֹאמְרוּ לוֹ
לְךָ וּלְךָ לְךָ כִּי לְךָ לְךָ אַף לְךָ לְךָ יְיָ הַמַּמְלָכָה
כִּי לוֹ נָאֶה כִּי לוֹ יָאֶה

תַּקִּיף בִּמְלוּכָה
תּוֹמֵךְ כַּהֲלָכָה
תְּמִימָיו יֹאמְרוּ לוֹ
לְךָ וּלְךָ לְךָ כִּי לְךָ לְךָ אַף לְךָ לְךָ יְיָ הַמַּמְלָכָה
כִּי לוֹ נָאֶה כִּי לוֹ יָאֶה

ALL-POWERFUL IS HE

May He build His House soon —
speedily, speedily, in our days, soon!
O God, build, O God, build, build Thy
House soon!

Best-chosen is He
Conceitlessly Great is He
Distinguished is He
Eminent is He
Faithful is He
Guiltless is He
Highly Gracious is He
Inimitably Pure is He
Justly Sole is He
Kingly Puissant is He
Longsighted and Wise is He
Mighty King is He
None in fearfulness like Him
Overpowering is He
Potent is He
Quick in redeeming is He
Righteous is He
Saint is He
Tender and Merciful is He
Uppermost Ruler is He
Vigorous is He

May He build His House soon —
speedily, speedily, in our days, soon!
O God, build, O God, build, build Thy
House soon!

אַדִּיר הוּא

יִבְנֶה בֵיתוֹ בְּקָרוֹב
בִּמְהֵרָה בִּמְהֵרָה בְּיָמֵינוּ בְּקָרוֹב
אֵל בְּנֵה אֵל בְּנֵה
בְּנֵה
בֵיתְךָ
בְּקָרוֹב

בָּחוּר גָּדוֹל דָּגוּל הָדוּר וָתִיק זַכַּאי
הוּא הוּא הוּא הוּא הוּא הוּא

חָסִיד טָהוֹר יָחִיד כַּבִּיר לָמוּד
הוּא הוּא הוּא הוּא הוּא

מֶלֶךְ נוֹרָא סַגִּיב עִזּוּז
הוּא הוּא הוּא הוּא

פּוֹדֶה צַדִּיק קָדוֹשׁ
הוּא הוּא הוּא

רַחוּם שַׁדַּי
הוּא הוּא

תַּקִּיף
הוּא

יִבְנֶה
בֵיתוֹ
בְּקָרוֹב
בִּמְהֵרָה בִּמְהֵרָה
בְּיָמֵינוּ בְּקָרוֹב
אֵל בְּנֵה
אֵל בְּנֵה
בְּנֵה בֵיתְךָ בְּקָרוֹב

One — who knows? One — I do know: One is our Almighty God in the heavens and on the earth.

Two — who knows? Two — I do know: Two are the Tables of the Covenant; One is our Almighty God in the heavens and on the earth.

Three — who knows? Three — I do know: three are the Patriarchs; Two are the Tables of the Covenant; One is our Almighty God in the heavens and on the earth.

Four — who knows? Four — I do know: four are the Matriarchs; three are the Patriarchs; two are the Tables of the Covenant; One is our Almighty God in the heavens and on the earth.

Five — who knows? Five — I do know: five are the books of the Torah; four are the Matriarchs; three are the Patriarchs; two are the Tables of the Covenant; One is our Almighty God in the heavens and on the earth.

אֶחָד מִי יוֹדֵעַ   אֶחָד אֲנִי יוֹדֵעַ

אֶחָד
אֱלֹהֵינוּ
שֶׁבַּשָּׁמַיִם
וּבָאָרֶץ

שְׁנַיִם מִי יוֹדֵעַ   שְׁנַיִם אֲנִי יוֹדֵעַ
שְׁנֵי לֻחוֹת הַבְּרִית

אֶחָד
אֱלֹהֵינוּ
שֶׁבַּשָּׁמַיִם
וּבָאָרֶץ

שְׁלֹשָׁה מִי יוֹדֵעַ   שְׁלֹשָׁה אֲנִי יוֹדֵעַ
שְׁלֹשָׁה אָבוֹת
שְׁנֵי לֻחוֹת הַבְּרִית

אֶחָד
אֱלֹהֵינוּ
שֶׁבַּשָּׁמַיִם
וּבָאָרֶץ

אַרְבַּע מִי יוֹדֵעַ   אַרְבַּע אֲנִי יוֹדֵעַ
אַרְבַּע אִמָּהוֹת
שְׁלֹשָׁה אָבוֹת
שְׁנֵי לֻחוֹת הַבְּרִית

אֶחָד
אֱלֹהֵינוּ
שֶׁבַּשָּׁמַיִם
וּבָאָרֶץ

חֲמִשָּׁה מִי יוֹדֵעַ   חֲמִשָּׁה אֲנִי יוֹדֵעַ
חֲמִשָּׁה חֻמְשֵׁי תוֹרָה
אַרְבַּע אִמָּהוֹת
שְׁלֹשָׁה אָבוֹת
שְׁנֵי לֻחוֹת הַבְּרִית

אֶחָד
אֱלֹהֵינוּ
שֶׁבַּשָּׁמַיִם
וּבָאָרֶץ

Six — who knows? Six — I do know: six are the orders of the Mishnah; five are the books of the Torah; four are the Matriarchs; three are the Patriarchs; two are the Tables of the Covenant; One is our Almighty God in the heavens and on the earth.

שִׁשָּׁה מִי יוֹדֵעַ   שִׁשָּׁה אֲנִי יוֹדֵעַ
שִׁשָּׁה סִדְרֵי מִשְׁנָה
חֲמִשָּׁה חֻמְשֵׁי תוֹרָה
אַרְבַּע אִמָּהוֹת
שְׁלֹשָׁה אָבוֹת
שְׁנֵי לֻחוֹת הַבְּרִית

אֶחָד
אֱלֹהֵינוּ
שֶׁבַּשָּׁמַיִם
וּבָאָרֶץ

Seven — who knows? Seven — I do know: seven are the days up to Sabbath inclusive; six are the orders of the Mishnah; five are the books of the Torah; four are the Matriarchs; three are the Patriarchs; two are the Tables of the Covenant; One is our Almighty God in the heavens and on the earth.

שִׁבְעָה מִי יוֹדֵעַ   שִׁבְעָה אֲנִי יוֹדֵעַ
שִׁבְעָה יְמֵי שַׁבְּתָא
שִׁשָּׁה סִדְרֵי מִשְׁנָה
חֲמִשָּׁה חֻמְשֵׁי תוֹרָה
אַרְבַּע אִמָּהוֹת
שְׁלֹשָׁה אָבוֹת
שְׁנֵי לֻחוֹת הַבְּרִית

אֶחָד
אֱלֹהֵינוּ
שֶׁבַּשָּׁמַיִם
וּבָאָרֶץ

Eight — who knows? Eight — I do know: eight are the days up to the circumcision inclusive; seven are the days up to Sabbath inclusive; six are the orders of the Mishnah; five are the books of the Torah; four are the Matriarchs; three are the Patriarchs; two are the Tables of the Covenant; One is our Almighty God in the heavens and on the earth.

שְׁמוֹנָה מִי יוֹדֵעַ   שְׁמוֹנָה אֲנִי יוֹדֵעַ
שְׁמוֹנָה יְמֵי מִילָה
שִׁבְעָה יְמֵי שַׁבְּתָא
שִׁשָּׁה סִדְרֵי מִשְׁנָה
חֲמִשָּׁה חֻמְשֵׁי תוֹרָה
אַרְבַּע אִמָּהוֹת
שְׁלֹשָׁה אָבוֹת
שְׁנֵי לֻחוֹת הַבְּרִית

אֶחָד
אֱלֹהֵינוּ
שֶׁבַּשָּׁמַיִם
וּבָאָרֶץ

Nine — who knows? Nine — I do know: nine are the months up to the birth; eight are the days up to the circumcision inclusive; seven are the days up to Sabbath inclusive; six are the orders of the Mishnah; five are the books of the Torah; four are the Matriarchs; three are the

תִּשְׁעָה מִי יוֹדֵעַ   תִּשְׁעָה אֲנִי יוֹדֵעַ
תִּשְׁעָה יַרְחֵי לֵדָה
שְׁמוֹנָה יְמֵי מִילָה
שִׁבְעָה יְמֵי שַׁבְּתָא
שִׁשָּׁה סִדְרֵי מִשְׁנָה
חֲמִשָּׁה חֻמְשֵׁי תוֹרָה

Patriarchs; two are the Tables of the Covenant; One is our Almighty God in the heavens and on the earth.

אַרְבַּע אִמָּהוֹת
שְׁלֹשָׁה אָבוֹת
שְׁנֵי לֻחוֹת הַבְּרִית

אֶחָד
אֱלֹהֵינוּ
שֶׁבַּשָּׁמַיִם
וּבָאָרֶץ

Ten — who knows? Ten — I do know: ten are the Commandments; nine are the months up to the birth; eight are the days up to the circumcision inclusive; seven are the days up to Sabbath inclusive; six are the orders of the Mishnah; five are the books of the Torah; four are the Matriarchs; three are the Patriarchs; two are the Tables of the Covenant; one is our Almighty God in the heavens and on the earth.

עֲשָׂרָה מִי יוֹדֵעַ   עֲשָׂרָה אֲנִי יוֹדֵעַ
עֲשָׂרָה דִבְּרַיָּא
תִּשְׁעָה יַרְחֵי לֵדָה
שְׁמוֹנָה יְמֵי מִילָה
שִׁבְעָה יְמֵי שַׁבְּתָא
שִׁשָּׁה סִדְרֵי מִשְׁנָה
חֲמִשָּׁה חֻמְשֵׁי תוֹרָה
אַרְבַּע אִמָּהוֹת
שְׁלֹשָׁה אָבוֹת
שְׁנֵי לֻחוֹת הַבְּרִית

אֶחָד
אֱלֹהֵינוּ
שֶׁבַּשָּׁמַיִם
וּבָאָרֶץ

Eleven — who knows? Eleven — I do know: Eleven are the stars (in Joseph's dream); ten are the Commandments; nine are the months up to the birth; eight are the days up to the circumcision inclusive; seven are the days up to Sabbath inclusive; six are the orders of the Mishnah; five are the books of the Torah; four are the Matriarchs; three are the Patriarchs; two are the Tables of the Covenant; One is our Almighty God in the heavens and on the earth.

אַחַד עָשָׂר מִי יוֹדֵעַ   אַחַד עָשָׂר אֲנִי יוֹדֵעַ
אַחַד עָשָׂר כּוֹכְבַיָּא
עֲשָׂרָה דִבְּרַיָּא
תִּשְׁעָה יַרְחֵי לֵדָה
שְׁמוֹנָה יְמֵי מִילָה
שִׁבְעָה יְמֵי שַׁבְּתָא
שִׁשָּׁה סִדְרֵי מִשְׁנָה
חֲמִשָּׁה חֻמְשֵׁי תוֹרָה
אַרְבַּע אִמָּהוֹת
שְׁלֹשָׁה אָבוֹת
שְׁנֵי לֻחוֹת הַבְּרִית

אֶחָד
אֱלֹהֵינוּ
שֶׁבַּשָּׁמַיִם
וּבָאָרֶץ

Twelve — who knows? Twelve — I do know: twelve are the tribes; eleven are the stars (in Joseph's dream); ten are the Commandments; nine are the months up to the birth; eight are the days up to the circumcision inclusive; seven are the days up to Sabbath inclusive; six are the orders of the Mishna; five are the books of the Torah; four are the Matriarchs; three are the Patriarchs; two are the Tables of the Covenant; One is our Almighty God in the heavens and the earth.

שְׁנֵים עָשָׂר מִי יוֹדֵעַ   שְׁנֵים עָשָׂר אֲנִי יוֹדֵעַ

שְׁנֵים עָשָׂר שִׁבְטַיָּא
אַחַד עָשָׂר כּוֹכְבַיָּא
עֲשָׂרָה דִבְּרַיָּא
תִּשְׁעָה יַרְחֵי לֵדָה
שְׁמוֹנָה יְמֵי מִילָה
שִׁבְעָה יְמֵי שַׁבְּתָא
שִׁשָּׁה סִדְרֵי מִשְׁנָה
חֲמִשָּׁה חֻמְשֵׁי תוֹרָה
אַרְבַּע אִמָּהוֹת
שְׁלֹשָׁה אָבוֹת
שְׁנֵי לֻחוֹת הַבְּרִית

אֶחָד
אֱלֹהֵינוּ
שֶׁבַּשָּׁמַיִם
וּבָאָרֶץ

Thirteen — who knows? Thirteen — I do know: thirteen are the Divine Attributes; twelve are the tribes; eleven are the stars (in Joseph's dream); ten are the Commandments; nine are the months up to the birth; eight are the days up to the circumcision inclusive; seven are the days up to Sabbath inclusive; six are the orders of the Mishnah; five are the books of the Torah; four are the Matriarchs; three are the Patriarchs; two are the Tables of the Covenant; **One is our Almighty God in the heavens and on the earth.**

שְׁלֹשָׁה עָשָׂר מִי יוֹדֵעַ   שְׁלֹשָׁה עָשָׂר אֲנִי יוֹדֵעַ

שְׁלֹשָׁה עָשָׂר מִדַּיָּא
שְׁנֵים עָשָׂר שִׁבְטַיָּא
אַחַד עָשָׂר כּוֹכְבַיָּא
עֲשָׂרָה דִבְּרַיָּא
תִּשְׁעָה יַרְחֵי לֵדָה
שְׁמוֹנָה יְמֵי מִילָה
שִׁבְעָה יְמֵי שַׁבְּתָא
שִׁשָּׁה סִדְרֵי מִשְׁנָה
חֲמִשָּׁה חֻמְשֵׁי תוֹרָה
אַרְבַּע אִמָּהוֹת
שְׁלֹשָׁה אָבוֹת
שְׁנֵי לֻחוֹת הַבְּרִית

אֶחָד
אֱלֹהֵינוּ
שֶׁבַּשָּׁמַיִם
וּבָאָרֶץ

ONE KID, ONE KID

חַד גַּדְיָא
חַד גַּדְיָא

which my father bought for two Zuzim –
one kid, one kid.

דִּזְבַן אַבָּא בִּתְרֵי זוּזֵי
חַד גַּדְיָא חַד גַּדְיָא

Then came the cat and ate the kid,
which my father bought for two Zuzim –
one kid, one kid.

וַאֲתָא שׁוּנְרָא וְאָכְלָה לְגַדְיָא
דִּזְבַן אַבָּא בִּתְרֵי זוּזֵי
חַד גַּדְיָא חַד גַּדְיָא

Then came the dog and bit the cat,
which ate the kid, which my father bought
for two Zuzim –
one kid, one kid.

וַאֲתָא כַלְבָּא וְנָשַׁךְ לְשׁוּנְרָא
דְּאָכְלָה לְגַדְיָא
דִּזְבַן אַבָּא בִּתְרֵי זוּזֵי
חַד גַּדְיָא חַד גַּדְיָא

Then came the stick and beat the dog,
which bit the cat, which ate the kid, which
my father bought for two Zuzim –
one kid, one kid.

וַאֲתָא חוּטְרָא וְהִכָּה לְכַלְבָּא
דְּנָשַׁךְ לְשׁוּנְרָא דְּאָכְלָהּ לְגַדְיָא
דִּזְבַן אַבָּא בִּתְרֵי זוּזֵי
חַד גַּדְיָא חַד גַּדְיָא

Then came the fire and burnt the stick,
which beat the dog, which bit the cat,
which ate the kid, which my father bought
for two Zuzim –
one kid, one kid.

וַאֲתָא נוּרָא וְשָׂרַף לְחוּטְרָא
דְּהִכָּה לְכַלְבָּא דְּנָשַׁךְ לְשׁוּנְרָא
דְּאָכְלָה לְגַדְיָא
דִּזְבַן אַבָּא בִּתְרֵי זוּזֵי
חַד גַּדְיָא חַד גַּדְיָא

Then came the water and quenched the fire, which burnt the stick, which beat the dog, which bit the cat, which ate the kid, which my father bought for two Zuzim —

one kid, one kid.

וַאֲתָא מַיָּא וְכָבָה לְנוּרָא
דְּשָׂרַף לְחוּטְרָא דְּהִכָּה לְכַלְבָּא
דְּנָשַׁךְ לְשׁוּנְרָא דְּאָכְלָה לְגַדְיָא
דִּזְבַן אַבָּא בִּתְרֵי זוּזֵי
חַד גַּדְיָא חַד גַּדְיָא

Then came the ox and drank the water, which quenched the fire, which burnt the stick, which beat the dog, which bit the cat, which ate the kid, which my father bought for two Zuzim —

one kid, one kid.

וַאֲתָא תוֹרָא וְשָׁתָא לְמַיָּא
דְּכָבָה לְנוּרָא דְּשָׂרַף לְחוּטְרָא
דְּהִכָּה לְכַלְבָּא דְּנָשַׁךְ לְשׁוּנְרָא
דְּאָכְלָה לְגַדְיָא
דִּזְבַן אַבָּא בִּתְרֵי זוּזֵי
חַד גַּדְיָא חַד גַּדְיָא

Then came the slaughterer and slaughtered the ox, which drank the water, which quenched the fire, which burnt the stick, which beat the dog, which bit the cat, which ate the kid, which my father bought for two Zuzim —

one kid, one kid.

וַאֲתָא הַשּׁוֹחֵט וְשָׁחַט לְתוֹרָא
דְּשָׁתָא לְמַיָּא דְּכָבָה לְנוּרָא
דְּשָׂרַף לְחוּטְרָא דְּהִכָּה לְכַלְבָּא
דְּנָשַׁךְ לְשׁוּנְרָא דְּאָכְלָה לְגַדְיָא
דִּזְבַן אַבָּא בִּתְרֵי זוּזֵי
חַד גַּדְיָא חַד גַּדְיָא

Then came the Angel of Death and slew the slaughterer, who slaughtered the ox, which drank the water, which quenched the fire, which burnt the stick, which beat the dog, which bit the cat, which ate the kid, which my father bought for two Zuzim —

one kid, one kid.

וַאֲתָא מַלְאַךְ הַמָּוֶת וְשָׁחַט לְשׁוֹחֵט
דְּשָׁחַט לְתוֹרָא דְּשָׁתָא לְמַיָּא
דְּכָבָה לְנוּרָא דְּשָׂרַף לְחוּטְרָא
דְּהִכָּה לְכַלְבָּא דְּנָשַׁךְ לְשׁוּנְרָא
דְּאָכְלָה לְגַדְיָא
דִּזְבַן אַבָּא בִּתְרֵי זוּזֵי
חַד גַּדְיָא חַד גַּדְיָא

Then came the Holy One, blessed be He, and slew the Angel of Death, who slew the slaughterer, who slaughtered the ox, which drank the water, which quenched the fire, which burnt the stick, which beat the dog, which bit the cat, which ate the kid, which my father bought for two Zuzim —

one kid, one kid.

וַאֲתָא הַקָּדוֹשׁ בָּרוּךְ הוּא
וְשָׁחַט לְמַלְאַךְ הַמָּוֶת
דְּשָׁחַט לְשׁוֹחֵט דְּשָׁחַט לְתוֹרָא
דְּשָׁתָא לְמַיָּא דְּכָבָה לְנוּרָא
דְּשָׂרַף לְחוּטְרָא דְּהִכָּה לְכַלְבָּא
דְּנָשַׁךְ לְשׁוּנְרָא דְּאָכְלָה לְגַדְיָא
דִּזְבַן אַבָּא בִּתְרֵי זוּזֵי

חַד גַּדְיָא
חַד גַּדְיָא